M. ARDOUIN 1972

L'INSTITUTRICE

PAR

EUGÈNE SUE.

I

PARIS
ALEXANDRE CADOT, ÉDITEUR,
33, RUE SERPENTE.
—
1851

L'INSTITUTRICE.

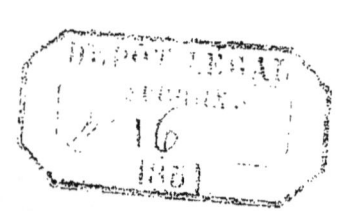

Ouvrages de Xavier de Montépin.

Brelan de Dames	4 vol.
Le Loup noir	2 vol.
Confessions d'un Bohême	5 vol.
Les Chevaliers du Lansquenet	10 vol.
Les Viveurs d'autrefois	4 vol.
Pivoine	2 vol.
Les Amours d'un Fou	4 vol.

Sous presse.

Mignonne.
Le Vicomte Raphaël.

Ouvrages d'Alexandre Dumas fils.

Tristan le Roux.	5 vol.
La Dame aux camélias.	2 vol.
Aventures de quatre femmes	6 vol.
Le docteur Servans	2 vol.
Le Roman d'une femme	4 vol.
Césarine.	1 vol.

Sous presse.

Monsieur Théodore.
Henri de Navarre.
Les Amours véritables.

Ouvrage de G. de La Landelle.

Les Iles de Glace.	4 vol.
Une Haine à Bord	2 vol.

Sous presse :

Le Morne aux Serpents.
Le Prince d'Ébène.

Impr. de E. Dépée, à Sceaux (Seine).

L'INSTITUTRICE

PAR

EUGÈNE SUE.

1

PARIS
ALEXANDRE CADOT, ÉDITEUR,
33, RUE SERPENTE.

1851

A MONSIEUR GEORDY M***

Mac-Ferlan-Cottage, près Limérick (Irlande.)

Mon cher Geordy,

Il y a deux ans, peu de temps après avoir passé quelques jours avec vous et votre excellente femme, j'ai écrit ce récit : permettez-moi de vous le dédier aujourd'hui. Acceptez cette Dédicace comme un souvenir de ma sincère amitié.

Eugène Sue.

Paris, 20 avril 1851.

PROLOGUE.

En 1840, vers la fin de l'automne, plusieurs voyageurs réunis dans une des salles de l'établissement des diligences de Calais, attendaient le départ de cette voiture pour Paris.

Une jeune fille de dix-huit à vingt ans,

d'une figure charmante, remplie de distinction, d'une expression à la fois douce, timide et mélancolique, était assise dans un coin de la salle, un sac de nuit sur ses genoux, une petite malle de cuir à ses pieds. Elle portait un chapeau de paille doublé de rose, à passe étroite, d'où s'échappaient de longues boucles de cheveux châtain-clair, et était enveloppée d'un ample tartan écossais.

Deux très jeunes gens, d'une figure agréable, élégamment vêtus, coiffés de casquettes et tenant à la main leur nécessaire de voyage, causaient debout, tout bas, à quelques pas de la voyageuse, la regardaient parfois avec une admiration trop évidente pour être respectueuse; ils semblaient étourdis, moqueurs, et échangeaient sans doute quelques plaisanteries dont la jeune fille devait être l'objet, car ils riaient souvent assez haut en l'examinant à la dérobée. Auprès d'eux se trouvait un homme de cinquante ans environ, attendant à l'un des bureaux que l'on eût sans doute fait droit à quelque réclamation. Sa figure, soigneusement rasée, sauf deux petits favoris roux mélangés de gris, sa cravate blanche nouée d'un large nœud croisé sous son long gilet chamois, sa redingote noire carrée, ses culottes noisette, ses guêtres de même couleur, le *stik* qu'il avait à la main, la minutieuse propreté de ses vêtements, lui donnaient tous les dehors d'un cocher anglais de bonne maison ayant quitté la livrée. Il comprenait le français, car à l'une des plaisanteries échangées entre les deux jeunes gens, plaisanterie probablement un peu vive, il se retourna, rougit et jeta les yeux sur la voyageuse, que les deux étourdis venaient sans doute de désigner. Mais à ce moment ils sortirent du bureau de la diligence, et l'un d'eux dit à l'autre en riant :

— Ta certitude de triompher n'est pas sans fatuité.

— Bah ! une petite miss, charmante, il est vrai, mais qui m'a tout l'air d'une femme de chambre allant chercher fortune en France.

— Enfin, je tiens le pari.

— Un bracelet de vingt-cinq louis.

— Si tu perds, le bracelet ornera les beaux bras de Juliette.

— Si je gagne, il sera le premier bijou de l'écrin de cette délicieuse créature.

— Accepté.

Et ils s'éloignèrent.

La jeune fille, triste et pensive, n'avait fait aucune attention aux deux jeunes gens ; elle fut tirée de sa rêverie par cette exclamation de l'homme à la redingote noire et aux guêtres noisette, qui, s'approchant rapidement d'elle comme s'il ne pouvait croire à ce qu'il voyait, s'écria en anglais :

— Dieu me sauve ! miss Mary !

Et il se découvrit respectueusement avec l'air de la plus profonde déférence.

— William ! — dit la jeune fille non moins surprise. — Vous ici, mon bon William ? Je vous croyais à Paris.

— J'en arrive, miss Mary. Mais vous voici donc en France avec votre famille?

— Non, William; mon père, ma mère et mes sœurs sont restés à Dublin. Je me rends seule à Paris.

— Vous partez pour Paris, seule... vous, miss Mary?

Et William regardait la jeune miss avec une stupeur et une inquiétude croissantes.

Un triste sourire effleura ses lèvres, et elle reprit :

— Mon bon William, je peux vous parler en toute confiance. Vous avez été l'un des plus vieux et des plus fidèles serviteurs de notre famille, vous m'avez vue toute petite...

— Oui, miss Mary; car, lorsque vous aviez cinq ans, je conduisais par la longe *Old-Scamper*, le bon vieux poney du *Sethland*, pendant que sir Lawson, monsieur votre père, vous maintenait assise sur la selle...

— Eh bien! William, mon père a été complètement ruiné par la banqueroute d'un ami pour lequel il avait répondu; *Lawson-Cottage* et ses terres ont été vendues.

Il ne reste rien à mon père, rien qu'une modeste place de greffier à Dublin. Cet office, obtenu par une faveur inespérée, lui donne à peine de quoi vivre, lui, ma mère et mes sœurs. Je viens dans ce pays pour être institutrice. Un hasard inespéré m'a fait trouver cette condition par l'entremise de M. le consul de France à Dublin, que mon père a intimement connu dans des temps plus heureux.

— Sir Lawson ruiné, le cottage vendu, tout vendu! — reprit William en joignant les mains avec douleur. — Comment, miss Mary, sir Lawson n'a pas même conservé *Glen-Artley*, son fameux cheval de chasse? Il s'est défait de *Blak-Fly*, votre jolie jument noire de pur sang, que j'avais dressée moi-même pour vous? Et les chevaux de voiture? Aussi vendus! Et les magnifiques chevaux de la ferme, et les vaches de *Durham*, et les troupeaux d'*Ashley*, et la meute pour le renard? Aussi vendu, tout vendu! Dieu me sauve! miss Mary, que m'apprenez-vous-là? Non, c'est à n'y pas croire! Sir Lawson ruiné, lui, un des plus riches gentilshommes cultivateurs du comté! Non, c'est à n'y pas croire!

—Ainsi qu'à vous, William, ce changement de fortune m'a semblé d'abord incroyable; puis la résignation, le courage, me sont venus.

— Et vous voyagez ainsi seule, miss Mary? Est-il possible, toute seule, sans une pauvre femme de chambre !

— Ma mère et mes sœurs se servent elles-mêmes ; je ferai comme elles. Mais je vous croyais établi à Paris, William.

— Hélas ! miss Mary, j'ai été puni de n'avoir pas suivi les bons avis de sir Lawson et de quitter son service lorsque ce petit héritage m'est tombé des nues. Maudite soit ma folie de m'être associé avec mon cousin Toby pour aller faire à Paris, avec lui, le commerce de chevaux irlandais ! La chance a tourné contre nous;

j'ai tout perdu. Et savez-vous, miss Mary, où j'allais maintenant? Ignorant le malheur de votre famille, j'allais à *Lawson-Cottage*, confiant dans la bonté de monsieur votre père, qui m'avait dit : « William,
« vous êtes trop honnête homme pour le
« métier de maquignon. Rappelez-vous
« bien ceci : vous serez dupe, et vous man-
« gerez votre petit héritage ; mais comme
« vous m'avez fidèlement servi pendant
« vingt ans et que vous êtes un excellent
« homme, il y aura toujours pour vous
« une place à *Lawson-Cottage*, si, comme je
« le crains, vous perdez le peu que vous
« possédez. »

— Pauvre William ! heureusement il

vous sera facile d'entrer dans une bonne maison, honnête et intelligent comme vous l'êtes.

— Ah ! miss Mary, ce n'est pas à cela que je pense, c'est à ce long voyage que vous allez entreprendre toute seule, dans une voiture publique, vous qui n'avez jamais quitté vos chers parents.

— Je vous l'ai dit, William, le courage m'est venu avec la ruine de ma famille.

— Ah ! miss Mary, s'il me restait seulement de quoi payer mon voyage jusqu'à Paris, je vous demanderais la permission de vous suivre jusqu'à votre destination, quand je devrais me mettre groom, garçon d'écurie en arrivant, pour gagner de quoi revenir en Irlande.

— Vous êtes un bon et digne homme, William ; je suis touchée, bien touchée de votre dévouement ; je vous en remercie de tout mon cœur.

— Ah ! mon Dieu ! et j'y pense, — dit le vieux serviteur avec un redoublement de douloureux intérêt, — tous les malheurs viennent donc à la fois ! et votre cousin ! miss Mary, votre cousin, le capitaine Douglas ?

La jeune fille rougit, étouffa un soupir ; son doux et charmant visage exprima une peine amère, et elle répondit d'une voix altérée :

— Mon cousin doit revenir de l'Inde dans deux ans ; nous avons dernièrement reçu des nouvelles de lui.

— Oui, et dans un an vous deviez vous marier, car le capitaine vous était fiancé, miss Mary ; ces fiançailles avaient été la joie de la maison de votre père, qui, pour les célébrer, avait donné une petite fête à tous les gens de la maison et de la ferme. Voilà donc que ce mariage, si désiré par votre famille, peut être aussi manqué, miss Mary ! et cependant, non... pourquoi n'aurait-il plus lieu ?

— Mon cousin Douglas est maintenant trop riche, et nous trop pauvres et trop fiers, pour que cette union soit possible, William.

Puis, ce sujet d'entretien lui étant sans doute pénible, car les larmes lui vinrent aux yeux, la jeune fille détourna la tête, garda un moment le silence, et reprit d'une voix plus calme :

— Je suis heureuse de vous avoir rencontré, William ; si vous allez à Dublin, vous pourrez donner de mes nouvelles à ma famille, et lui dire que vous m'avez vue en bonne santé au moment de mon départ de Calais.

— Ah ! miss Mary, partir ainsi toute seule ! c'est là ce qui m'effraie.

— Pourquoi ? il n'y a rien d'effrayant dans ce voyage. Je suis seule, il est vrai, mais de Dublin ici, je n'ai eu qu'à me louer de mes compagnons de route.

— Oh ! en Angleterre, oui, on est habitué à voir des jeunes demoiselles voyager seules.

— Sans doute, mais j'ai toujours entendu dire qu'en France, rien n'était plus respecté qu'une femme seule et sans protection.

— Ah! miss Mary, — s'écria William en soupirant et se rappelant les plaisanteries et le pari des deux jeunes gens, — si vous saviez, je n'entends pas très bien le français; cependant je l'entends assez pour comprendre certaines choses.

— Que voulez-vous dire, William?

A ce moment et pendant que miss Mary et le vieux serviteur continuaient leur entretien à voix basse à l'extrémité de la salle, un nouveau voyageur entra bruyamment, essoufflé, affairé, suivi d'un commissionnaire qu'il gourmandait aigrement sur sa lenteur, quoique le portefaix ployât sous le poids d'une malle, de deux sacs de nuit et de plusieurs paniers, caisses et paquets. Ce voyageur était un gros homme de soixante ans environ, d'une physionomie hargneuse, revêche et ridicule ; sur ses pas entrèrent quatre jeunes gens, beaucoup moins élégamment vêtus que les deux parieurs dont les plaisanteries avaient fait rougir l'honnête William. Ces nouveaux venus sortaient de copieusement déjeûner. L'animation de leur teint, leurs éclats de voix, leurs fréquents accès d'hilarité, ainsi que quelques velléités dansantes suffisamment indiquées par certains balancements de corps, témoignaient de leur peu de sobriété.

— Quel dommage, ô chaloupeurs finis, — dit l'un d'eux, — que nous soyons séparés d'ici à Paris, deux dans l'intérieur, deux dans la rotonde de la diligence !

— Mes *moilliens* ne me permettent pas les voluptés de l'intérieur, — reprit un autre, — j'ouvre une souscription nationale pour percer une communication de la rotonde à l'intérieur afin de pouvoir blaguer à notre aise pendant toute la route.

— Souscrit pour le défoncement de l'intérieur! — crièrent ses compagnons, — souscrit!

— Ohé! les chaloupeurs! — reprit soudain à voix basse un de ces trop joyeux garçons en montrant le gros homme qui venait d'entrer tout essoufflé et s'était approché du bureau où se tenait un employé; — voyez donc ce vieux bibard! a-t-il l'air cocasse avec son bonnet de soie noire, sa casquette à visière, sa houpelande et ses bottes fourrées!

— Quel bonheur pour Tournaquin et pour moi, si c'était notre *sixiène* de l'intérieur!

— Quel face à farce !

— J'ouvre une souscription nationale pour l'embêter énormément aux tables d'hôte tout le long de la route, car il a l'air rageur.

— Rageur! quelles délices! O vieux! viens avec nous, si tu es rageur... nous te donnerons les *moilliens* de faire tes exercices.

Le vieillard s'était approché du buraliste, et avait avec lui, à voix haute, l'entretien suivant, auquel les quatre gais compères semblèrent prendre un intérêt croissant.

— On est venu de mon hôtel retenir une place pour moi, il y a une heure, — disait le gros homme.

— Pour quelle destination, monsieur ?

— Parbleu... pour la *Botardière !*

— Je ne sais pas, monsieur, où est la Botardière.

— Comment ! — reprit le quinteux vieillard courroucé de l'ignorance géographique du buraliste, — voici une plaisante question... La Botardière... est à la Botardière, monsieur, comme Paris est à Paris ; je vous répète qu'il y a une heure on est venu de mon hôtel retenir pour moi une place d'intérieur, dans la voiture qui va partir pour Paris, d'où je prendrai la diligence de Tours, pour de là me rendre à la Botardière.

A ce mot souvent réitéré de la *Botardière*, des hum ! hum ! des grognements, des éclats de rire étouffés partirent si bruyamment du groupe des quatre joyeux garçons, que le vieillard se retourna vers eux en fronçant les sourcils. Alors tous quatre lui firent spontanément le salut militaire, en lui souriant avec grâce ; il se retourna en grommelant vers le buraliste, qui, ayant consulté sa feuille, reprit :

— En effet, monsieur, on est venu donner des arrhes et arrêter la sixième place, la seule qui reste dans l'intérieur.

— Comment! je n'aurai pas un coin, le coin de droite, dans le fond ? Je déclare que je ne prends que cette place-là.

— Impossible, monsieur ; je vous répète qu'il ne reste que la sixième place.

— Hein ! une place de milieu, sur le devant, à reculons, vous vous moquez du monde!

— Alors, monsieur, ne partez pas, vous en serez quitte pour perdre vos arrhes!

— Mais c'est exorbitant! c'est une véritable spoliation! abuser à ce point des voyageurs! Un moment! Y a-t-il des femmes dans la voiture?

— Il y a une dame seule.

— De mieux en mieux... il ne manquait plus que cela! aux tables d'hôte, les meilleurs morceaux pour madame. Si elle a chaud, baissez les glaces, si elle a froid, levez-les. La prévision de pareils caprices vous révolte! Eh bien! ne partez pas, — vous dit-on, — perdez vos arrhes! c'est obligeant! Dans quel guêpier me suis-je fourré! joli voyage! il commence bien! Aimable perspective! délectable avenir! sans compter l'agrément de se trouver avec le premier venu, et Dieu sait, — ajouta l'irascible vieillard en jetant un regard oblique sur les quatre compagnons qui le couvaient des yeux, — Dieu sait l'exécrable compagnie que l'on est exposé à rencontrer dans une voiture publique!

— Monsieur, prenez-vous, oui ou non, la place?

— Je la prends, monsieur, ne faut-il pas que j'arrive à la Botardière ! Je la prends, cette place, puisque j'y suis contraint, le couteau sur la gorge, sous peine de perdre mes arrhes; mais je proteste, espérant d'ailleurs qu'il y aura parmi mes compagnons de route des gens assez bien élevés, assez respectueux envers un homme de mon âge, pour ne pas souffrir qu'avec mes cheveux blancs j'aille à reculons sur le devant en sixième.

— Vous vous arrangerez, monsieur, comme vous le voudrez avec les autres voyageurs. Votre nom, s'il vous plaît?

— *Odoard-Josephin* de la Botardière, résidant au château de la Botardière, commune de la Botardière.

A peine l'irascible vieillard eût-il ainsi décliné ses noms et prénoms, que les quatre joyeux garçons, qui, grâce à l'élévation de sa voix de plus en plus courroucée, n'avaient pas perdu un mot de son entretien avec le buraliste, poussèrent des éclats de rire formidables ; le châtelain de la Botardière se retourna vers eux d'un air imposant et sortit brusquement après avoir acquitté le prix de sa place.

— *Josephin* — est superbe, dit l'un des jeunes gens. Je demande à m'attacher aux pas de *Josephin* pour jouir plus longtemps de son point de vue !

— J'ouvre une souscription nationale pour mettre une queue de papier à *Odoard*.

— Je souscris à condition que la queue sera retroussée à la Botardière !

Et tous quatre de sortir, sur les pas du vieillard, en glissant sur la pointe du pied, balançant les hanches et fredonnant en cœur :

— Bon! bon, de la Boutardière ! Bon! bon, de la Botardière !

Les enragés venaient de s'éloigner lorsque les deux parieurs rentrèrent dans le bureau.

Pendant que les scènes précédentes se passaient, Miss Mary voyant avec quels compagnons de voyage elle devait se trouver jusqu'à Paris, s'était longtemps entretenue avec William ; elle semblait de plus en plus inquiète, attristée. Soudain elle parut prendre une résolution qui lui coûtait beaucoup et s'approcha lentement de l'un des deux *parieurs* que William lui avait signalés.

Sauf son étourderie, témoignée par la

légèreté de ses propos à l'égard de l'étrangère, ce jeune homme, ainsi que son ami, semblait de très bonne compagnie ; sa figure était agréable, sa tournure des plus distinguées. S'adressant alors à lui en excellent français, miss Mary lui dit, avec un mélange d'embarras, de douceur et de dignité qui donnaient une expression plus touchante encore à sa ravissante figure :

— Monsieur, veuillez me faire la grâce de m'accorder un moment d'entretien.

Le jeune homme, fort surpris et encore plus enchanté de l'occurrence, jeta sur son ami un regard qui voulait dire : — Mon pari est gagné d'avance, — puis il s'inclina devant la jeune fille et la suivit à quelques pas de là, près d'une fenêtre où se tenait William.

Le jeune homme fut d'abord assez déconcerté en voyant un tiers dans son entretien avec la jolie étrangère, et surtout un tiers portant des guêtres de cocher. Mais comme il supposait que la jeune Anglaise était une femme de chambre cherchant fortune, il s'étonna moins de la voir pour ainsi dire sous la protection de l'homme aux guêtres. Cependant, s'inclinant de nouveau devant miss Mary, il lui dit :

— Madame, je suis trop heureux de me rendre à vos ordres.

— Monsieur, je n'ai pas l'honneur d'être connue de vous... mais, confiante dans la générosité française, je viens vous demander un service, monsieur, un grand service.

— Madame, disposez de moi, — répondit le jeune homme qui commençait à s'apercevoir que pour une femme de chambre la jeune miss s'exprimait à merveille en français et avec une convenance remarquable.

— Monsieur, — reprit miss Mary, — je

suis Irlandaise ; des revers de fortune arrivés à ma famille que ce digne et excellent serviteur, —et elle montra William,— n'a pas quittée pendant vingt ans, m'ont mise dans la nécessité d'accepter en France les fonctions d'institutrice; je me rends à Paris, seule, dans une voiture publique. Ce long voyage ne m'inquiéterait pas, si toutes les personnes avec qui je suis destinée à faire cette route étaient aussi parfaitement bien élevées que vous l'êtes, monsieur, je n'en doute pas ; mais, malheureusement il se rencontre parfois des gens qui ne soupçonnent pas tout ce qu'il y a de pénible et par conséquent de respectable dans la position d'une jeune fille quittant pour la première fois la maison paternelle et obligée de voyager seule en pays étranger.

— Mademoiselle, répondit l'étourdi de plus en plus surpris et confus, — je ne suppose pas qu'il se trouve un homme assez misérable pour oser vous manquer de respect.

— Je sais, monsieur, qu'une femme envers qui l'on manque d'égards finit toujours par se faire respecter ; mais cette extrémité est si humiliante, si cruelle pour un cœur bien placé, qu'il me serait douloureux de m'y voir réduite ; aussi, monsieur, je me permets de m'adresser à vous, si singulier que vous semblera sans doute le service que j'oserais attendre de votre bon cœur, de votre loyauté.

— De grâce, parlez, mademoiselle, — répondit le jeune homme subjugué par la touchante dignité de ces paroles, — je serais mille fois heureux de pouvoir vous rendre un service, quel qu'il soit.

— Nous devons être six dans la voiture où nous allons partir; il ne s'y trouve pas d'autre femme que moi; permettez, monsieur, que je passe pour votre sœur jusqu'à Paris; je parle suffisamment français pour rendre vraisemblable cette feinte parenté. Consentez à cela, monsieur, soyez généreux, et je vous le dis avec notre vieille franchise irlandaise : Je vous serai pour toujours reconnaissante. Ce fidèle serviteur, devant qui je vous adresse cette demande, pourra du moins dire à mon père et à ma mère que mon voyage a commencé heureusement.

Il y avait dans ce langage, dans son doux accent un peu étranger qui lui donnait un nouveau charme, quelque chose de si ingénu, de si loyal, que le jeune voyageur, ému, attendri par cet appel fait à son cœur, se reprochant sincèrement ses premières velléités peu honorables, répondit à miss Mary d'un ton respectueux et pénétré :

— Je suis trop flatté, mademoiselle, de la confiance dont vous daignez m'honorer pour ne pas tâcher de m'en rendre digne ; je remplirai de mon mieux mon rôle de frère jusqu'à Paris.

A l'émotion qui se peignit sur les traits du jeune homme, miss Mary ne pouvait manquer de le croire sincère. Elle reprit avec l'expression d'une touchante reconnaissance :

— Monsieur, si vous avez encore votre mère, si vous avez une sœur, dites-leur à votre retour ce que vous avez fait aujourd'hui pour une étrangère; elle vous en aimeront davantage encore. — Et miss Mary, avec cette cordiale franchise, trait distinctif du caractère irlandais, tendit au jeune homme sa petite main gantée, en lui disant : — Merci, monsieur, merci; miss Lawson croit à votre parole.

— Et miss Lawson, — reprit le jeune homme en effleurant la main de l'étrangère, — peut être assurée que jamais Théodore de Favrolle n'a manqué à sa promesse.

— Oh! merci, monsieur le gentlemen, oh! merci! — s'écria dans son jargon le bon William qui avait assisté à cette scène silencieux et attendri.

— Messieurs et dames, préparez-vous à monter en voiture, — dit un des employés du bureau.

— Mon bon William, dit miss Mary au vieux serviteur, pendant que M. Favrolle, s'éloignant par discrétion, rejoignait son ami, — vous allez sans doute retourner à Dublin ?

— Oui, miss Mary, — répondit le digne homme dont les yeux devenaient humides ; — j'ai quelques connaissances, j'espère pouvoir me placer.

— Dès votre arrivée, allez voir mon

père, je vous prie, William; il était si inquiet, si désolé à cette pensée de me laisser partir seule, qu'il m'eût accompagnée si la dépense de ce voyage n'eût pas pour ainsi dire ôté à ma mère et à mes sœurs leur pain de tout un mois.

— Dieu me sauve! miss Mary, c'est vous que j'entends parler du pain de votre mère et de vos sœurs!

Et il essuya ses larmes.

— Il faut savoir regarder en face la position que le sort nous fait, William; vous direz à mon père le parti que j'ai pris envers l'un de mes compagnons de voyage; c'était, il me semble, ce que je pouvais faire de mieux, si j'en crois ce que vous m'avez révélé, mon bon William, bien que votre inexpérience de la langue française vous ait peut-être, je l'espère, un peu trompé sur la portée des paroles de ce jeune homme.

— Oh! je ne pense pas m'être trompé, miss Mary; mais ce gentlemen se sera repenti, en reconnaissant à vos paroles que vous étiez une *lady*. Puisse-t-il tenir sa promesse... et vous protéger. Car les autres qui viennent de sortir en chantant et en dansant sur les pas de ce vieux homme me font peur pour vous, miss Mary. Pourquoi ne pas retarder votre voyage?

— Me voyant seule femme dans la voiture, j'y avais pensé; mais les places de demain et d'après-demain sont prises; il me faudrait rester ici trois jours de plus. Et la dépense d'auberge est chère pour ma petite bourse, — dit miss Mary en souriant doucement; — il me reste tout juste de quoi arriver à ma destination, en ménageant beaucoup. Mais rassurez-vous, William, ces jeunes gens qui chantaient et dansaient me semblent plus fous que méchants, et en tous cas, la protection que veut bien m'accorder M. de Favrolle leur imposera... Ma demande a été hardie peut-être... Mon père et ma mère la jugeront.

Vous leur direz, William, que vous m'avez vue à Calais en bonne santé. Assurez-les que je suis remplie de résignation et de courage... Dites-leur aussi que je leur écrirai de nouveau, lors de notre premier séjour dans une ville ; dites encore à Rosa, à Éveline, à Nancy, que leur sœur Mary pense tendrement à elles... et à la petite Arabelle, — ajouta la jeune fille en souriant avec des larmes dans les yeux, — que si elle est bien sage, la grande sœur Mary lui enverra une jolie poupée de France pour la *Noël*... ce jour de fête des enfants dans notre cher pays !!

— Ah ! miss Mary ! je les vois encore ces

pauvres arbres verts de la Noël chargés de bougies, de fleurs et de cadeaux, dans le grand salon de *Lawson-Cottage!* Quelle joie! quelle fête dans la maison chaque année!

— Ces beaux temps ne sont plus, William... Dites bien enfin à tous ceux que j'aime, que malgré leur absence, ils sont toujours avec Mary...

— Dieu me sauve!!! miss Mary, vous allez en condition chez des étrangers! — s'écria le digne homme, ne pouvant retenir ses larmes; — non, non, je ne peux, je ne pourrai jamais m'habituer à cette idée!

Quand je pense que la dernière fois que je vous ai vue au cottage vous étiez à cheval entre sir Lawson et le capitaine Douglas, et si gaie, si heureuse, tandis que votre mère et vos sœurs étaient dans la jolie calèche verte attelée des deux beaux chevaux gris, *Turner* et *Sinogler,* que le petit Jhony conduisait en postillon !... Vous alliez faire une partie de campagne par une belle matinée de juin !

— Je ne regretterais pas ces temps d'autrefois, si un jour je peux revenir auprès de mon père et de ma mère et les voir moins malheureux. Tenez, mon bon William, après le chagrin de m'éloigner de ma famille, savez-vous ce qui me coûte le plus ? C'est de quitter notre *verte Erin*, notre Irlande ! Je n'ai jamais mieux senti qu'aujourd'hui que je l'abandonne combien est cher le pays natal !

— Messieurs et dames en voiture, — dit un des employés, — en voiture, dépêchons-nous ! — Et voyant la petite malle de cuir de miss Mary encore à ses pieds, cet homme ajouta brusquement : — Mais, madame, vos bagages devraient être depuis longtemps sur l'impériale. A quoi pensez-vous ?

— Pardon, monsieur, — dit miss Mary un peu confuse, — je l'ignorais.

A la brusque interpellation de l'employé, William était devenu aussi rouge de colère que la crête d'un coq de combat, et il serrait ses deux poings comme s'il se fût préparé à boxer; mais un regard de miss Mary calma le courroux du digne homme, il prit d'une main le sac de nuit et chargea la malle sur son épaule.

A ce moment M. de Favrolle, s'approchant de la jeune fille avec un redoublement de courtoisie et de respect, lui dit :

— Je serais désolé d'abuser des priviléges de mon rôle, mademoiselle, mais je crois qu'il serait bon que vous me fissiez l'honneur d'accepter mon bras pour la vraisemblance.

— Certainement, monsieur, — répondit miss Mary en souriant, — j'accepte avec plaisir.

Puis le jeune homme, montrant son ami, reprit :

J'ai été obligé, mademoiselle, de mettre mon compagnon de voyage dans notre confidence ; permettez-moi d'avoir l'honneur de vous le présenter : M. Georges de Montfort.

Le compagnon du jeune homme s'inclina respectueusement devant miss Mary, qui lui rendit son salut, et tous trois, suivis de William, se rendirent dans la cour où était attelée la diligence.

M. de Favrolle offrit la main à miss Mary pour l'aider à monter en voiture, après que la jeune fille eût adressé un dernier adieu à William. Alors celui-ci, dont les joues étaient baignées de larmes, dit au jeune homme dans son mauvais français et d'une voix altérée :

— Monsieur le gentlemen, veillez bien, je vous en supplie, sur miss Mary. Son père, sir Lawson, *Esquire,* était un des plus riches gentlemen cultivateurs de son comté; il avait huit magnifiques chevaux dans son écurie, tous du plus pur sang irlandais, monsieur le gentlemen, et une meute de vingt-cinq *fox-hounds* pour le renard, monsieur le gentlemen. Vous voyez que miss Mary est une jeune *lady* et qu'elle mérite que l'on s'intéresse à elle.

Si naïve que fût la recommandation du brave William, qui exprimait ses regrets et son intérêt à sa façon et à son point de vue de cocher amateur de chevaux et de chiens, cette recommandation pouvait avoir une heureuse influence; beaucoup de gens sont ainsi faits, qu'ils s'intéressent d'autant plus à l'infortune qu'elle a été précédée d'une plus grande opulence.

M. de Favrolle répondit à William :

— Soyez tranquille, mon digne homme, j'accomplirai envers miss Mary tous mes devoirs de frère, et du frère le plus dévoué, le plus respectueux.

Le jeune homme ne croyait pas à avoir sitôt à protéger *sa sœur*, car il la vit reparaître à la portière et dire au conducteur en souriant :

— Monsieur, vous m'aviez dit, je crois, que ma place était au fond à droite ?

— Oui, madame.

— Mais, monsieur, cette place est occupée par un voyageur qui dort déjà profondément ; toute place m'est indifférente, seulement je crains à mon tour de prendre celle d'une autre personne.

Et elle redescendit de la voiture pendant que le conducteur y montait, et l'on entendit le dialogue suivant :

— Monsieur, — dit le conducteur, —

monsieur le voyageur, ce n'est pas votre place, c'est celle d'une dame. Eh! là-bas, répondez donc!

— Prenez garde! conducteur, *Joséphin* de la Botardière repose !

— J'ouvre une souscription nationale pour le baiser au front pendant son sommeil.

— Ah çà! mais il est donc sourd! — reprit le conducteur. — Réveillez-le donc, messieurs, je vous en prie; il faut que nous partions.

— Conducteur, vous nous autorisez à

éveiller Odoard au nom du salut public?

— Eh oui, messieurs, éveillez-le, et que ça finisse.

Alors ces fous de s'écrier de tous leurs poumons avec un vacarme horrible :

— Au feu ! le feu est à la Botardière !

— Joséphin, entends mes cris affreux !

— Odoard, réponds à mes hurlements !

— Joséphin, ouvre tes yeux chéris !

— Odoard, mire dans mes yeux tes yeux !

— Monsieur, de grâce, — dit mis Mary à son prétendu frère, car celui-ci, fort contrarié de ces préludes qui semblaient annoncer un voyage orageux, commençait à froncer le sourcil, — je vous le répète, toute place m'est indifférente. Je serais désolée d'être la cause de la moindre discussion.

Mais M. de Favrolle s'élança dans la voiture, et vit le châtelain de la Botardière retranché dans son coin derrière une forteresse de manteaux, de sacs de nuit et de paquets, ne laissant apercevoir que le haut de sa tête coiffée d'un bonnet de soie noire enfoncé jusqu'aux yeux et surmonté de sa casquette ; malgré le vacarme épouvantable qui régnait autour de lui, et les cris inhumains qu'on lui poussait aux oreilles, un ronflement sonore s'échappait des larges narines du vieillard. M. de Favrolle, pour mettre fin à cette scène burlesque, secoua d'abord doucement M. de la Botardière, puis enfin avec assez d'impatience pour que le dormeur supposé ne pût davantage prolonger sa feinte. Il s'écria courroucé comme quelqu'un qui s'éveille en sursaut :

— Je trouve inconcevable que l'on ose me réveiller ainsi ! Qui se permet de troubler mon repos ?

Et s'adressant à M. de Favrolle :

— Que voulez-vous, monsieur? Je ne vous connais pas.

Et il tira plus avant encore son bonnet sur ses yeux et se rencoigna de nouveau en disant :

— C'est vraiment intolérable.

— Monsieur, — répondit M. de Favrolle en commençant avec le plus grand sang-froid le déménagement des bagages de ce fâcheux et les plaçant sur la banquette de devant, opération qui força l'usurpateur opiniâtre à ouvrir les yeux, — monsieur, j'aurai l'honneur de vous faire observer que vous occupez la place de ma sœur, et je ne doute pas de votre empressement à la lui céder.

L'apparition de M. de Favrolle dans la voiture, la fermeté polie de son langage en parlant de sa sœur calmèrent un peu la joyeuse effervescence des rieurs et M. de la Botardière s'écria en s'adressant au protecteur de miss Mary :

— Monsieur, de quel droit portez-vous les mains sur mes effets? Je suis le premier occupant de cette place, tant pis pour les retardataires; je garde mon coin, mes cheveux blancs m'y autorisent.

— Personne plus que moi, monsieur, ne respecte les cheveux blancs, — reprit M. de Favrolle, — mais j'ai l'honneur de vous répéter que cette place appartient à ma sœur; vous allez donc, je l'espère, avoir la bonté de quitter ce coin, sinon je vous déclare avec tous les ménagements dus à votre âge, monsieur, que si vous refusez de vous rendre à la justice de ma réclamation, je serai, à mon grand regret, contraint de vous y forcer.

— Exécrable voyage, — s'écria le hargneux vieillard en se levant furieux. — Ah! quand donc serai-je arrivé à la Botardière !

— Ma foi, monsieur, — ne put s'empêcher de dire M. de Favrolle, — je fais sincèrement le même vœu que vous pour votre prompte arrivée. — Puis, se retournant vers les persécuteurs du vieillard, il leur dit du ton le plus cordial :

— Messieurs, j'accompagne ma jeune sœur, promettez-moi d'espérer de votre courtoisie un peu de modération de langage pendant cette longue route. Je vous en serai profondément reconnaissant.

— Comment donc, monsieur, — répondit un des rieurs, — c'est de toute justice. Respect aux dames.

— Nous demanderions la même chose, reprit l'autre, — si nous avions notre sœur avec nous. Soyez tranquille, monsieur, nous aimons à rire, mais nous savons ce qu'on doit à une jeune personne.

— Merci, messieurs, merci, répondit

M. de Favrolle, — je n'attendais pas moins de vous.

Et redescendant de la voiture, il y fit monter miss Mary, qui, regrettant fort ce petit incident, prit sa place au fond, à droite de la voiture. Son prétendu frère se plaça à ses côtés, et son ami devant elle. Au moment où la jeune fille venait d'adresser un dernier signe d'adieu à William qui, debout, s'essuyait les yeux, la diligence partit rapidement, tandis qu'un des rieurs de la rotonde criait d'une voix de fausset en passant sa tête par la portière :

Mais, allons donc, postillon, allons donc; nous n'arriverons jamais à la *Botardière*.

FIN DU PROLOGUE.

PREMIÈRE PARTIE.

I

I

M. et madame de Morville, propriétaires d'une belle terre en Touraine, y résidaient depuis quelques années. M. de Morville, ancien officier supérieur de cavalerie, avait quarante-cinq ans, une figure noble, douce et encore agréable, quoique sa pâleur annonçât qu'il ne jouissait pas d'une bonne santé. En effet, une de ses anciennes blessures s'étant rouverte, amenait parfois des accidents fâcheux qu'il cachait autant que possible à sa femme. Celle-ci, un peu moins âgée que M. de Morville, n'était pas jolie, mais la vivacité, l'agrément de sa physionomie expressive, suppléaient à la beauté qui lui manquait.

Un matin (huit jours environ après que miss Marie eut quitté Calais), M. de Morville entra dans le salon de sa femme ; il lui dit, en montrant une lettre ouverte qu'il tenait à la main :

— Ma chère Louise, ainsi que nous en

sommes convenus hier soir, je viens d'écrire à mon frère. Je t'apporte la lettre, nous la relirons ensemble, et je l'expédierai, si toutefois, après réflexion, tu n'as pas changé d'avis.

— Non, mon ami, loin de là, car depuis que nous avons pris cette résolution, il me semble que j'ai un poids de moins sur le cœur.

— Voici donc ce que j'écris à mon frère.

— Pourvu, mon Dieu, que la lettre n'arrive pas trop tard à Dublin !

— J'espère qu'elle arrivera du moins tout juste à temps. Je vais l'adresser par le courrier de tantôt au ministère des affaires étrangères ; elle sera dans la nuit d'après-demain à Paris, et dans quatre à cinq jours, elle doit être au consulat de Dublin, à moins que la traversée d'Angleterre en Irlande ne soit retardée par les mauvais temps, chose possible. Voici donc ce que j'écris à mon frère :

Et M. de Morville lut la lettre suivante :

« Mon cher Auguste, cette lettre va
« beaucoup te surprendre ; elle conclut

« d'une manière complétement opposée
« à ma lettre du 19 ; mais, après de lon-
« gues et sérieuses réflexions, Louise et
« moi, nous revenons sur la décision que
« nous t'avions donnée comme définitive
« au sujet de miss Mary. A tout autre que
« toi, mon ami, je sentirais le besoin d'ex-
« pliquer que ce revirement, si brusque
« qu'il doive te paraître, ne peut être attri-
« bué, ni à la légèreté, ni à une fâcheuse
« habitude d'irrésolution dans les choses
« importantes de la vie. Tu me connais,
« tu sais la solidité du caractère de Louise,
« tu sais que son affection pour notre
« chère Alphonsine est aussi tendre qu'é-
« clairée : tu comprendras donc qu'il nous
« faut de graves motifs pour ne vouloir

« plus aujourd'hui ce que nous acceptions
« avec reconnaissance il y a huit jours;
« en un mot, nous renonçons formelle-
« ment à prendre mademoiselle Mary
« Lawson pour institutrice; nous y renon-
« çons à regret, à grand regret; tout ce
« que tu nous avais écrit de cette jeune
« personne nous donnait d'avance pour
« elle autant de sympathie que de consi-
« dération, car ma femme et moi nous
« avons une confiance absolue, aveugle,
« ou plutôt très-intelligente, dans ton ex-
« cellent jugement, dans ton tact parfait.
« Miss Mary était, d'après toi, une institu-
« trice comme on en trouve rarement. Ce
« qui surtout nous convenait particulière-
« ment, c'est que mademoiselle Lawson,

« n'ayant jusqu'ici fait d'autre éducation
« que celle de ses jeunes sœurs, devait
« être ainsi sans parti pris, sans habitude
« pédagogique.

« Nous avions donc accepté les servi-
« ces de miss Mary, parce qu'elle nous
« agréait de tous les points : habituée à la
« vie calme et pure de la campagne où
« elle a passé sa vie, élevée par un père
« du caractère le plus honorable, par une
« mère d'un esprit supérieur, d'un cœur
« excellent, parfaite musicienne, dessi-
« nant à ravir, d'une instruction solide,
« variée; parlant aussi correctement le
« français et l'italien que l'anglais ; d'un
« caractère à la fois doux, égal et ferme;

« d'un esprit plein de charme et d'enjoue-
« ment (avant que de grands malheurs
« eussent frappé sa famille), encore une
« fois, mon ami, tu nous avais découvert
« un TRÉSOR et nous l'avions accepté avec
« joie. Si j'insiste autant sur les rares qua-
« lités de mademoiselle Lawson, c'est
« pour te bien convaincre que nous les
« apprécions ainsi qu'elles doivent l'être ;
« et que si nous renonçons à ce trésor,
« c'est que nous nous sommes dernière-
« ment décidés, ma femme et moi, après
« longue et mûre discussion, *à ne plus*
« *prendre désormais d'institutrice pour Al-*
« *phonsine.*

« Te dire, mon ami, la cause de cette

« détermination, m'entraînerait trop loin.
« Nous pensons que tu pourras, si tu le
« juges à propos, communiquer la partie
« précédente de cette lettre à la famille de
« miss Mary ; nous exprimons ici, en toute
« sincérité, nos vifs regrets et notre juste
« considération pour cette jeune per-
« sonne. Dis bien à M. et à madame Law-
« son que nous étions profondément tou-
« chés de la confiance qu'ils nous témoi-
« gnaient, en nous accordant miss Mary,
« qui eût trouvé chez nous une véritable
« famille. Tu nous annonçais dans ta der-
« nière lettre, en réponse à celle où nous
« acceptions définitivement ton offre au
« sujet de mademoiselle Lawson, qu'elle
« partirait dans une quinzaine de jours de

« Dublin. Cette lettre doit t'arriver assez
« à temps pour que la famille de miss
« Mary soit opportunément prévenue de
« notre décision. J'aurais désiré t'écrire
« plus tôt à ce sujet, mais c'est hier seule-
« ment, je te le répète, qu'après de lon-
« gues discussions, Louise et moi nous
« sommes tombés d'accord,

« Ma femme et ma fille t'embrassent.
« Gérard vient d'entrer en rhétorique. A
« la fin de l'année scolaire, il viendra près
« de nous, et dans deux ans seulement je
« l'enverrai à Paris faire son droit. Il n'a
« pas encore dix-huit ans, et je ne suis
« pas fâché qu'il mûrisse un peu sous

« mes yeux avant de l'exposer aux orages
« du quartier latin ; tu juges de la joie de
« sa mère... car tu sais si nous aimons et
« si nous avons des raisons d'aimer ce
« brave enfant.

« Mon oncle la Botardière était allé à
« Dunkerque pour quelque affaire ; mal-
« gré nos instances, il a voulu, par éco-
« nomie, voyager seul et en diligence. Il
« va bientôt revenir à sa terre, et nous
« l'aurons, comme d'habitude, souvent
« ici, en voisin ; je te vois froncer le sour-
« cil, car tu aimes peu, comme tu dis, à
« *botardiariser*... Mais vraiment tu es in-
« juste : malgré son caractère un peu

« quinteux, un peu égoïste, notre oncle a
« du bon,

« Je ne dis pas comme toi, méchant es-
« prit, que notre cher oncle *doit avoir du*
« *bon soigneusement caché on ne sait où, vu*
« *que le bon Dieu n'invente pas d'aussi insup-*
« *portables créatures sans une compensation*
« *quelconque*. Je te répondrai, moi, mon-
« sieur le sceptique, que cette compensa-
« tion est toute trouvée : cet oncle Gro-
« gnon est le frère de notre excellente
« et regrettée mère, cela suffit à nos yeux
« et aux tiens, quoique tu en dises, pour
« qu'il soit absous de tous ses quinteux
« péchés, même de celui que tu lui par-

« donnes le moins : *d'abuser de ses che-*
« *veux blancs.* C'est un peu vrai. Cela me
« rappelle que, lorsque j'étais au régi-
« ment, il avait la rage de m'emmener
« toujours au spectacle avec lui. Il se
« montrait souvent pour ses voisins très
« incommode et très provoquant, mais à
« la moindre observation, il s'écriait :
« — *Monsieur, vous insultez mes cheveux*
« *blancs! Mon neveu que voici, officier de*
« *dragons, va vous remettre à votre place!* —
« C'est ainsi que ce cher oncle m'a fait
« donner ou recevoir deux ou trois coups
« d'épée, à mon corps défendant. Quoi
« qu'il en soit, pour qui sait le prendre, il
« a vraiment du bon, et puis enfin sans
« avoir l'âme vénale, je ne peux pas empê-

« cher notre oncle d'être fort riche, gar-
« çon, et de nous dire; dans ses bons mo-
« ments, qu'il se fait une joie de penser
« que sa fortune, toujours grossissant
« *par son économie* (je te vois rire, ingrat),
« sera le partage de tes enfants et des
« miens.

« Certes, la cupidité n'est pour rien
« dans les égards que nous avons pour
« lui; demain, il serait pauvre comme
« Job, que nous accueillerions avec un re-
« doublement de prévenances et de res-
« pect le frère de notre bien-aimée
« mère.

« Adieu, mon cher Auguste; notre re-

« traite nous devient de plus en plus
« chère, et nous nous réjouissons en
« songeant que, dans deux ans, nos
« économies accumulées auront formé
« pour Alphonsine une belle et bonne
« dot. Le moment approche où il faudra
« songer à établir cette chère enfant, et à
« ce propos, te souviens-tu de l'un de mes
« anciens amis et camarades de régiment,
« — *M. de Favrolle?* Je l'ai dernièrement
« rencontré à Paris, où j'étais allé passer
« quelques jours ; nous avons parlé *fa-*
« *mille,* car il a un fils de vingt-deux à
« vingt-trois ans qui a été au même col-
« lège que Gérard. Celui-ci était parmi les
« *petits,* tandis que le fils de Favrolle était
« dans les *grands.* — Ta fille a seize ans,—

« m'a dit Favrolle ; — pourquoi un jour
« ne songerions-nous pas à la marier avec
« mon fils? — Propos *en l'air*, me diras-
« tu ; mais enfin, Favrolle a de grandes
« propriétés dans le Nord, c'est un parfait
« galant homme, et si son fils lui ressem-
« ble... mais je m'arrête : je ne veux pas
« te refaire ici la fable de *la Laitière et le*
« *Pot au lait.* L'important est d'assurer
« d'abord une bonne dot à Alphonsine ;
« nous nous en occupons, sans pour cela
« faire le moindre sacrifice ; nous vivons
« ici en grands seigneurs avec le quart de
« ce que nous dépensions à Paris ; l'ha-
« bitude de la retraite est si bien prise
« chez nous, qu'il est presque certain que,
« la dot d'Alphonsine faite et parfaite,

« nous commencerons à *travailler* à celle
« de Gérard par le même procédé.

« Tu nous as fait presque espérer
« ta présence, ainsi que celle de ta femme
« et de tes enfants pour le printemps pro-
« chain ; nous y comptons tous, y compris
« *madame Pivolet,* qui continue de délecter
« et parfois d'impatienter nos loisirs par
« ces fabuleuses inventions et imagina-
« tions dont tu as été tant de fois émer-
« veillé jusqu'au fou rire. Heureusement,
« notre Alphonsine, en suçant le lait de
« cette nourrice peu véridique, n'a pas
« hérité de cette miraculeuse puissance
« d'exagération, grâce à laquelle cette in-

« corrigible Pivolet a le don magique de
« transformer un ciron en un éléphant,
« et un éternuement en un coup de ton-
« nerre.

« Adieu encore, mon ami ; nous comp-
« tons aveuglément sur toi pour être notre
« interprète auprès de miss Mary et de sa
« famille, et nous excuser, nous défendre
« même auprès d'elle si, contre notre at-
« tente et à notre douloureux regret, miss
« Mary pouvait trouver quoi que ce soit
« de désobligeant dans le changement de
« nos intentions, qui, encore une fois, se
« résument en deux mots : — *Nous sommes*
« *décidés à ne plus prendre d'institutrice pour*

« *Alphonsine* ; — sans cela, je te le répète,
« nous eussions accepté avec bonheur,
« avec reconnaissance les soins de made-
« moiselle Lawson.

« Embrasse tendrement pour nous ta
« femme et tes enfants, et réponds-moi
« courrier par courrier.

« Tout à toi, frère.

« A. de Morville. »

II

II

Madame de Morville, après avoir silencieusement écouté la lettre de son mari, lui dit :

— Cette lettre est parfaite, mon ami, et en admettant même une excessive susceptibilité chez miss Lawson et sa famille, cette susceptibilité serait, ce me semble, aussi ménagée que possible par la manière dont tu présentes, après tout, la réalité des choses.

— Ainsi, ma chère Louise, tu es bien décidée? je peux faire partir cette lettre? Songes-y, il serait maintenant impossible, après un refus si formel, de redemander miss Lawson.

— Que te dirai-je, mon ami? j'ai un horrible défaut : je suis une mère jalouse! Non, vois-tu, je ne saurais jamais t'exprimer tout ce que j'ai souffert en silence durant ces trois dernières années : voir sans cesse en tiers une étrangère entre ma fille et moi !

— Louise, Louise, — reprit M. de Morville avec un accent de doux reproche, — je t'ai souvent grondée à ce sujet. Cette jalousie, née d'un excellent sentiment, ton adoration pour ta fille, est peu raisonnable. Ainsi que tant d'autres femmes, tu n'a pas reçu l'éducation suffisante pour enseigner à ta fille la musique, le dessin, les langues étrangères ; c'est un petit malheur, il faut t'y résigner.

— Non, c'est... c'est là un grand malheur, mon ami. Ah ! que de fois j'ai pleuré de mon incapacité! Une mère devrait donner à sa fille la nourriture de l'esprit comme elle lui donne la vie du corps.

— Soit, ce serait préférable; il eût mieux valu aussi que je fusse en état de faire l'éducation de Gérard; nous l'aurions gardé près de nous; mais enfin, je te le répète, à l'impossibilité opposons la résignation; nous habitons cette terre éloignée de quinze lieues de Tours, nous ne pouvions donc faire venir ici des professeurs pour Alphonsine; il nous a fallu prendre une institutrice à demeure; sinon, nous aurions vu notre fille rester par son éducation fort au-dessous de toutes les jeunes personnes de sa naissance, et pour l'avenir, cela était grave. Beaucoup d'hommes recherchent, de nos jours, et non sans raison, dans leur femme, les talents d'agrément, une instruction étendue, variée.

— Ces talents, cette instruction, Alphonsine les possède maintenant.

— Elle les possède à peu près.

— Enfin, elle peut travailler seule et ne rien perdre ainsi de ce qu'elle a appris.

— Je l'espère; mais il ne faut pas nous le dissimuler, son éducation est loin d'être achevée.

— Tant de femmes en savent encore moins qu'elle.

— Certes, et mieux que personne tu m'as toujours prouvé; chère et bonne Louise, que l'élévation du caractère et la bonté du cœur peuvent suppléer à tout.

— Eh bien, alors?

Puis madame de Morville ajouta en souriant :

— Cet *eh bien, alors ?* est fort orgueilleux, sans doute, mon ami, mais c'est à ma fille que je l'applique, et j'aime mille fois mieux la voir un peu moins savante que de souffrir les tourments d'une jalousie absurde mais douloureuse. Enfin, veux-tu que je te le dise, cet amour du monde que tu encourages chez moi, au lieu de le blâmer...

— Pourquoi te blâmerais-je, chère Louise ? — dit affectueusement M. de Morville, — n'est-il pas naturel que tu cherches quelques distractions dans la société de nos voisins ? ta vie serait sans cela si solitaire, si triste ?

— Cette vie, tu la supportes bien, toi.

— Non seulement je la supporte, mais elle me convient ; ma santé n'est pas très-forte, j'aime la retraite, l'étude, et je ne serais pas assez *barbare* pour te priver de tes plaisirs parce qu'ils sont autres que les miens.

— Vrai, mon ami, malgré mon goût pour le monde, ces plaisirs, je les rechercherais moins si j'avais ma fille plus à moi ; oui, et bien souvent je me laisse entraîner à rester quelques jours de plus chez nos voisins, parce que je me dis :

Après tout, ma fille n'a pas besoin de moi; n'a-t-elle pas son institutrice? et alors mon cœur se navre de jalousie.

— Voyons, Louise, pouvais-tu être sérieusement jalouse de notre dernière institutrice, cette pauvre mademoiselle Lagrange? Comparer l'affection que ta fille lui portait à celle qu'elle a pour toi!

— Est-ce que ma fille n'était pas plus souvent avec son institutrice qu'avec moi, couchant près d'elle, vivant constamment près d'elle? Est-ce que mademoiselle Lagrange ne partageait pas jusqu'aux jeux alors presque enfantins d'Alphonsine, ce que ma gravité de mère ne me permettait pas ? Est-ce que...

— Pourquoi t'interrompre ?

— Eh bien, oui, si pénible que cela soit à avouer, je peux te le dire à cette heure que nous sommes résolus à ne plus prendre d'institutrice, car, après tout, je ne suis pas une méchante femme.

— Oh ! non !

— Ah ! non ? tu n'en sais rien, ni moi non plus. Cela te fait rire ; tu as tort, car enfin, était-ce un bon ou un mauvais sentiment, que d'éprouver, non pas du regret, mais une sorte d'envie presque haineuse, en voyant une étrangère enseigner à ma fille ce que j'étais incapable de lui enseigner, moi? Etait-ce un bon sentiment, de me dire avec amertume : Cette étrangère m'est supérieure aux yeux de ma fille sous un certain côté, car auprès de cette institutrice, moi qui ne sais ni la musique, ni le dessin, ni une langue étrangère, ni tant d'autres choses, je suis une ignorante, une espèce de sotte, et, malgré toute sa tendresse pour moi, ma fille doit avoir le sentiment de ma nullité?

— Louise, — dit en riant M. de Morville, — c'est de l'exagération à la façon de madame de Pivolet, prends-y garde !

— Mon ami, tu as tort de plaisanter ; je te parle sérieusement de souffrances folles mais cruelles, dont je tâchais de me distraire en acceptant de nombreuses invitations de nos voisins, tandis que tu restais seul ici avec tes livres. Ces souffrances, tu ne les a jamais devinées ; j'en avais honte, je tâchais de les contraindre, de ne laisser rien percer de ce que je ressentais, car cette pauvre mademoiselle Lagrange était l'agneau du bon Dieu ; cependant, malgré moi, je m'échappais parfois en aigreurs, en ironies absurdes, mais qui portaient coup ; je le voyais à la soudaine tristesse de cette excellente jeune personne, et ce n'est pas tout encore...

M. de Morville avait d'abord accueilli presqu'en plaisantant les confidences de sa femme, mais il parut alors aussi affligé que surpris, et reprit :

— Louise, est-ce toi qui parles ainsi ? toi dont j'ai tant de fois apprécié, admiré l'excellent cœur !

— Tenez, vous autres hommes, vous ne comprendrez jamais rien au cœur d'une mère ; toutes les mères ne sont pas comme moi, heureusement ; mais enfin, telle je suis, telle je me confesse ; ainsi, tu ne comprendras pas non plus qu'une autre de mes jalousies absurdes, c'était de voir ma fille aussi inférieure que moi à son institutrice ; de me dire : Voilà pourtant une pauvre fille, née dans la loge d'un portier, puisque le père de mademoiselle Lagrange était concierge de la pension où elle a été élevée ; voilà une pauvre fille, sans nom, sans fortune, qui est et sera en toutes choses d'art et de savoir infiniment supérieure à ma fille, qui aura un jour cinquante mille livres de rente ! Veux-tu que je t'avoue quelque chose de plus mal encore ? Ce qui me faisait tolérer cette pauvre mademoiselle Lagrange, c'est qu'elle était laide comme les sept péchés mortels ; si elle eût été jolie, ou plus jolie qu'Alphonsine, malgré moi je l'aurais prise en horreur.

Enfin, il faut bien me l'avouer, le résultat de tout ceci a été que mademoiselle Lagrange a demandé à quitter la maison, sous prétexte de santé ; véritable prétexte. Du reste, je me rends cette justice, j'aurais souffert jusqu'à la fin plutôt que de renvoyer cette excellente fille, et j'ai été délivrée d'un pénible remords quand je l'ai su placée dans une bonne maison, grâce à nos pressantes recommandations.

— Ah! Louise, combien nous avons eu

raison de refuser miss Mary ; pauvre jeune fille! et si par hasard elle avait été jolie! ce que j'ignore, car, je l'avoue, cela jusqu'à présent m'avait paru très insignifiant...

— Miss Mary? Ah! je l'avoue maintenant, pour mille raisons, je lui aurais encore préféré mademoiselle Lagrange; mon Dieu, tout cela est puéril, ridicule, odieux même, je le sais; car à toi, en qui j'ai une confiance aveugle, j'ai caché la plus grande partie de ces ressentiments dont j'ai honte; heureuse encore s'ils n'avaient chagriné que moi! Mais non, mademoiselle Lagrange n'a pu sans doute résister à ces milles taquineries sournoises, et elle a quitté la maison; j'avais beau, dans mon regret de l'avoir blessée, tâcher de lui faire oublier sa peine par des prévenances, par quelques cadeaux, c'était un cœur timide, et avec sa douceur inaltérable, elle trouvait le moyen, sans me choquer, de ne pas accepter les dédommagements que je lui offrais. Voilà pourtant les conséquences de mon malheureux caractère. Il en serait de même pour mademoiselle Lawson; car, je ne me le cache pas, ce refus de notre part...

Puis s'interrompant, madame de Morville ajouta avec une expression de sincérité qui donna un charme touchant à sa physionomie si animée, si expressive :

— Non, après tout, je ne suis pas une méchante femme, je le sens bien. Aussi, mon ami, je m'aperçois heureusement à temps que nous avons oublié une chose très-importante dans la lettre à ton frère.

— Quoi donc?

— Un post-scriptum.

— A quel propos?

— Ton frère nous l'a dit : non-seulement la place que nous offrions à mademoiselle Lawson assurait pendant deux ou trois ans l'existence de cette jeune personne, mais la presque totalité de ses appointements devait être envoyée par elle à Dublin, pour aider à subvenir aux besoins de sa mère et de ses quatre sœurs ; pauvres femmes ! qu'elles sont à plaindre !

— Louise, puisque ton excellent cœur va de lui-même au devant de cette objection, je te l'avoue, la seule chose qui me peinait réellement dans notre changement de résolution, c'était de penser que cette famille si intéressante allait se trouver privée d'une ressource sur laquelle elle a compté. J'avais déjà cherché le moyen de....

— N'achève pas, mon ami, cela me

navre... Mais, écoute mon projet : nous voulions employer deux mille quatre cents francs par an aux appointements de miss Mary. Ce n'est pas pour faire des économies que nous avons renoncé à elle.

— Non, certes.

— N'y aurait-il pas moyen, comme compensation, je n'ose dire comme indemnité, de faire agréer ces deux mille quatre cents francs à cette famille pendant deux ou trois ans?

— Impossible. Tu as lu la lettre de mon frère : rien de plus honorablement fièr que le caractère de M. Lawson; non-seulement il n'accepterait pas une aumône, mais il serait cruellement blessé d'une pareille offre.

— Combien l'imaginative de madame *Rivolet* te fait défaut en ce moment, mon pauvre ami! — dit en souriant madame de Morville; — tu me donnes envie de l'envoyer chercher.

— Explique-toi.

— Est-ce que je suis assez déraisonnable pour songer à proposer à M. Lawson ou à sa fille une aumône annuelle? Est-ce qu'il n'y a pas d'autres moyens de faire accepter ce service? Et c'est en cela que je te dis que l'imaginative de madame Pivolet te fait défaut, et à moi aussi, j'en conviens; car, jusqu'à présent, je ne trouve pas. Pourtant... attends donc... vois un peu... Rien que de prononcer ce nom magique de *Pivolet,* les inventions vous viennent. Alphonsine commence à parler anglais; il faut que ton frère, à qui tu vas écrire notre embarras en post-scriptum, cherche et trouve quelques bons livres anglais qui ne soient pas traduits en français; comprends-tu?

—Excellente idée! Il priera miss Mary de les traduireint erlignés pour Alphonsine.

— Et nous mettrons à ce travail le prix qui nous conviendra ; la délicatesse la plus ombrageuse n'aura rien à objecter à cela.

— Ah! madame Louise, — reprit M. de Morville en embrassant tendrement sa compagne, — et vous vous dites parfois une méchante femme !

— Non ; mais il est toujours plus sage d'éviter les occasions de faillir. Ainsi tu approuves mon idée ?

— Je cours écrire ce post-scriptum et cacheter ma lettre.

Au moment où M. de Morville allait quitter le salon de sa femme, mademoiselle Alphonsine de Morville entrait chez sa mère.

— Mon enfant, — lui dit son père en souriant, — j'écris à ton oncle ; tu n'as pas de commission pour lui, pas de *contrebande* à lui demander ? car tu sais qu'il s'intitule : *le contrebandier de mademoiselle de Morville*. Un consul de France ! Ce que c'est que d'avoir une nièce !

— Non, mon père ; je ne veux pas abuser si souvent de la bonté de ce cher oncle. Rappelle-moi seulement à son souvenir ainsi qu'à celui de ma tante et de ses enfants.

— Oh! cela est déjà fait; en ce cas, je n'ai plus qu'à fermer ma lettre, après y avoir ajouté notre post-scriptum, bien entendu, ajouta-t-il en s'adressant à sa femme, qu'il laissa seule avec sa fille.

III

III

Mademoiselle de Morville avait seize ans ; elle ressemblait beaucoup à sa mère. Sa figure, sans être jolie, ne manquait ni d'agrément, ni d'expression ; on y lisait surtout la candeur de son âme et la franchise de son caractère.

Lorsque son père fut sorti, mademoiselle de Morville dit à sa mère :

— Maman, est-ce que la lettre que mon père écrit à mon oncle est relative à miss Lawson ?

— Oui, mon enfant.

— C'est donc décidé, elle arrive ?

— Oh ! mon Dieu, quel gros soupir ! — dit madame de Morville en souriant.—Tu redoutes donc beaucoup l'arrivée de ta nouvelle institutrice ?

— Redouter, c'est bien fort ; mais enfin, si j'avais le choix...

— Voyons !

— J'aimerais mieux rester sans institutrice.

— Cette pauvre mademoiselle Lagrange n'était pourtant pas un tyran.

— Elle ! oh ! non. Il n'y avait pas de meilleur caractère que le sien, et puis si affectueuse pour moi, une vraie sœur, enfin.

— En effet, vous ne pouviez guère vous passer l'une de l'autre, mon Alphonsine, et tu étais plus souvent avec elle qu'avec moi.

— C'est tout simple ; le temps de mes études...

— Et pendant tes récréations aussi.

— En pouvait-il être autrement? Est-ce que tu aurais joué avec moi à courir ou au volant, et même à la poupée? Car, sais-tu qu'il y a deux ans je jouais encore à la poupée?

— Et mademoiselle Lagrange jouait

avec toi. Sa complaisance était sans bornes ; c'est une justice à lui rendre.

— Oui, quand je l'avais contentée par mon travail, sinon elle était très sévère. Mais aussi toujours juste, et si bonne, si timide, contente de tout, ne se plaignant jamais !

— Je ne vois pas trop de quoi elle aurait pu se plaindre. Enfin tu la regrettes ?

— Certainement. Car avant de retrouver une pareille institutrice... Ce n'est pas ta miss Lawson qui la vaudra !

— Tu crois ?

— Maman, je t'assure que tu ne remplaceras jamais mademoiselle Lagrange. Juges donc: un si bon caractère, et puis si instruite, tant de talent pour la musique, la peinture, sachant toujours se mettre à votre portée pour vous enseigner, descendant jusqu'à vous, enfin !

— Comment, descendant jusqu'à vous ?

— Dam, maman, comme savoir, elle était et sera toujours, pour ainsi dire, une princesse auprès de moi ! Et cependant elle était la fille du portier de la pension où elle a été élevée ! elle ne s'en cachait pas le moins du monde.

— Loin de là, elle affectait même un peu, ce me semble, de parler de son humble naissance.

— Elle, affecter ? Oh ! maman, c'est une erreur. Quand, par hasard, elle parlait de sa famille, c'est que la conversation venait là-dessus. D'ailleurs, écoute donc, mademoiselle Lagrange eût été fière qu'elle en avait le droit.

— Fière, de quoi ? Pas de sa figure, pauvre fille...

— Non, c'est vrai ; mais, enfin, sais-tu que c'est très beau d'être institutrice, de pouvoir ainsi, par son travail, se suffire à soi-même et encore venir en aide à sa famille ? Je te demande un peu, par exemple, comment je ferais si j'étais à sa place, moi, maman ?

— La réponse est très-simple, chère enfant : Si tu étais à la place de mademoiselle Lagrange, tu ferais comme elle, et comme tant d'autres jeunes personnes remplies de courage, de savoir et de cœur ; qualités que possédait mademoiselle Lagrange, je le reconnais, car, tu le sais, chère enfant, nous avions pour elle les plus grands égards.

— Sans doute, tu étais parfaite pour elle, mon père aussi, et moi je l'aimais comme une sœur.

— A ce point que, pendant les premiers jours qui ont suivi son départ, je t'ai vu souvent pleurer et que depuis je te trouve triste ; c'est à peine si les histoires de ta nourrice Pivolet, et elle n'en chôme jamais, te dérident un peu.

— Que veux-tu, maman, se quitter après plus de trois ans d'intimité, cela vous laisse du chagrin.

— Cette sensibilité fait l'éloge de ton

cœur; mais enfin il me semble, mon Alphonsine, que toi et moi nous pouvons trouver dans notre tendresse de quoi nous consoler du départ d'une étrangère.

— Une étrangère, — reprit naïvement Alphonsine, — dis donc une amie, une sœur.

— Soit! Mais une mère... vaut au moins une amie, une sœur même.

— Est-ce que cela peut se comparer, — reprit la jeune fille avec une grâce charmante en embrassant madame de Morville; est-ce que d'aimer votre sœur vous empêche d'adorer votre mère?

— Chère enfant, — dit madame de Morville avec une douce émotion, — jamais je n'ai douté de ta tendresse; seulement je n'ignore pas qu'une mère, si aimée qu'elle soit, peut difficilement être une compagne pour sa fille.

— Mon Dieu! c'est si différent.

— Je le sais, mon enfant.

— Ainsi toi, maman, tu es pour moi, n'est-ce pas, aussi affectueuse que possible ; pourtant tu m'imposes toujours ; il y a mille riens, mille folies, mille bêtises, si tu veux, que je n'oserais jamais te dire, et qui nous amusaient et nous faisaient rire aux larmes, avec cette pauvre mademoiselle Lagrange ; et puis ces causeries sans fin pendant les récréations, nos jeux mêmes, car elle était très-enfant, quand elle s'y mettait ; tout cela faisait qu'avec elle le temps de l'étude passait comme un songe et celui de la récréation comme un éclair.

— Sans doute, — reprit madame de Morville avec un sourire contraint, — car cette mère jalouse souffrait, malgré tous les efforts de son bon sens naturel, — et moi... je ne jouissais de la société de ces demoiselles que lors de notre promenade d'avant dîner ou le soir jusqu'à l'heure du thé... puis tu t'en allais coucher dans l'appartement de ton institutrice. Mais revenons à miss Mary...

— Je t'en prie, maman, ne m'en parle pas, il sera toujours assez temps d'y songer lorsqu'elle sera arrivée.

— Pourquoi cette prévention ?

— C'est que je la vois d'ici, ta miss Mary : une grande Anglaise à l'air froid, revêche, et si jamais elle s'humanise jusqu'à daigner sourire, vous montrant des dents longues de ça...

— Le portrait n'est pas flatteur...

— Et, d'ailleurs, fût-elle un phénix, jamais elle ne remplacera pour moi ma pauvre mademoiselle Lagrange. Aussi, je t'en préviens, je ne réponds pas du tout de la contenter ta miss Mary....

— Allons, chère enfant, je vais te rendre très heureuse.

— Comment cela ?

—Cette lettre de ton père à ton oncle de Dublin contremande l'arrivée de miss Mary.

— Il serait vrai ! quel bonheur ! — s'écria joyeusement la jeune fille. — Puis se reprenant : — Et encore je ne sais si je dois me réjouir, je perdrai peut-être au change. Tu as donc quelqu'un en vue pour remplacer miss Mary ?

— Non, nous n'avons personne.

— Personne ?

— Ton père et moi, nous avons décidé

que désormais tu n'aurais plus d'institutrice. Te voilà contente !

— Oh ! certainement. — Puis, par réflexion : — Mais, maman, qui donc achèvera mon éducation ?

— Toi-même, chère enfant. Tu es maintenant assez forte musicienne, tu dessines bien, et tu sais suffisamment l'anglais et l'italien pour travailler seule. Quand je dis seule, non, je prendrai ma revanche, — dit tendrement madame de Morville, — Je ne te quitterai pas. Je ne suis malheureusement point en état de remplacer une institutrice, mais enfin, sans être musicienne, j'ai l'oreille assez juste pour t'avertir si tu passes des notes ou si tu chantes faux ; je ne sais pas dessiner, mais je verrai bien si ce que tu copies ressemble plus ou moins à ton modèle. Quant à l'histoire et à la géographie, avec des livres je pourrai suppléer à l'instruction qui me manque malheureusement. Et puis, — ajouta madame de Morville d'une voix touchante et attendrie presque jusqu'aux larmes, — tu seras indulgente, n'est-ce pas ? tu me tiendras compte de mon bon vouloir ; enfin, je tâcherai de ne pas te faire trop regretter ton institutrice.

— Mais, tu me la rendras, au contraire, — s'écria la jeune fille avec expansion en se jetant au cou de sa mère ; — je l'aimerai en toi comme je t'aimerai en elle.

— Et non seulement je partagerai tes travaux, — reprit madame de Morville en répondant avec un bonheur ineffable à l'étreinte de sa fille, — mais je partagerai aussi tes récréations. Tu verras que je ne *suis pas si mère* que j'en ai l'air, et que, tout comme une autre, je saurai être gaie, rieuse et bonne compagne. Et puis enfin, les absences quelquefois prolongées que je faisais pour répondre aux invitations de nos amis du voisinage, et dont tu te plaignais si gentiment, je ne les ferai plus. Tous mes instants te seront consacrés ;

enfin je tâcherai de regagner le temps perdu.

Soudain des pas bruyants et des cris d'effroi se firent entendre dans le salon voisin; madame de Morville et sa fille se levèrent avec inquiétude et virent entrer éperdue, effarée, une grosse petite femme qui semblait rouler plutôt que marcher; elle portait un trousseau de clefs à sa ceinture, et son bonnet plissé laissait voir la frisure éternelle d'un *tour* noir comme de l'encre. Telle était madame Pivolet, autrefois nourrice d'Alphonsine, et alors femme de charge. Elle entra donc précipitamment en levant les mains au ciel et s'écriant :

— Ah! madame, quel malheur! M. de la Botardière! Quel affreux évènement!

Et sans en dire davantage, elle tomba sur un fauteuil, en renversant sa tête en arrière comme si elle pâmait. Madame de Morville et sa fille, de plus en plus inquiètes, quoiqu'elles eussent été déjà plusieurs fois dupes des exagérations de la femme de charge, s'approchèrent d'elle, et sa maîtresse lui dit vivement :

— Au nom du ciel! madame Pivolet, parlez.... Que s'est-il passé? qu'est-il arrivé à M. de la Botardière?

— Mon oncle est donc de retour de voyage, — demanda la jeune fille à sa nourrice. — Mais réponds donc !

— Ah ! madame ! ah ! mademoiselle ! — reprit la femme de charge en secouant la tête avec un douloureux accablement, — c'est fini !

— Quoi, fini ?

— C'est affreux !... Infortuné M. de la Botardière ! Il avait (parlant par respect de lui), un bien mauvais caractère..... mais pauvre cher homme ! un pareil sort....

Mon oncle est donc ici ? — s'écria la jeune fille.

— Une si belle vieillesse ! — reprit madame Pivolet d'un ton lamentable. — Encore si vert pour son âge !

— Achevez donc, — reprit madame de Morville. — Il est odieux de nous tenir ainsi dans l'inquiétude. Encore une fois, qu'est-il arrivé ?

— Pardon, madame, mais l'émotion.... cet horrible spectacle...

— Maman, je n'ai pas une goutte de sang dans les veines.

— Ni moi non plus, je t'assure. Parlez donc, madame Pivolet !

— J'étais tout à l'heure dans la cour d'honneur du château, — reprit la femme de charge d'une voix haletante, en s'essuyant le front ; — je vois arriver de loin, dans l'avenue, un char-à-bancs jonquille...

— La voiture de mon oncle ?

— Avec son grand cheval blanc qu'il appelle, hélas ! pauvre cher homme ! qu'il appelait *Roncevaux.*

— Comment ? *qu'il appelait !* — s'écria

madame de Morville en joignant les mains avec effroi. — Mais vous ne songez pas à ce que vous dites.

— Ecoutez, madame, écoutez : Je vois donc de loin arriver le char à bancs jonquille attelé de *Roncevaux* ; il trottait même très vite contre son habitude.

— Quel supplice ! Mais achevez donc ?

— Le char à bancs avançait toujours ; il n'était plus qu'à cinquante pas peut-être de la grille du château, lorsque... lorsque... Ah ! madame !

— Ensuite ?

— Pif! paf! Des scélérats embusqu tirent je ne sais combien de coups de fusils sur ce malheureux M. de la Botardière et sur son char à bancs jonquille.

— Tirer sur mon oncle... Mais c'est impossible !...

— Impossible !... plût à Dieu ! madame. A cette décharge d'artillerie, *Roncevaux* prend le mors aux dents, entre dans la cour d'honneur comme un forcené, accroche le char à bancs à la borne de la porte d'entrée, le brise en mille pièces, et je vois rouler à mes pieds... je dois même avoir du sang sur moi... je vois rouler à mes pieds cet infortuné M. de la Botardière blessé de dix coups de feu au moins, les membres fracassés, la tête en capilotade... et rendant le dernier soupir... Alors moi...

— Vous êtes folle ! — s'écria madame de Morville, — et je suis assez simple pour me laisser prendre encore à vos mensonges ou à vos exagérations !... J'entends la voix de mon oncle.

En effet, on entendit la voix quinteuse de M. de la Botardière, disant dans la pièce voisine, dont la porte s'ouvrit aussitôt :

— C'est possible ! mais j'exige que l'on chasse ce drôle-là, et à l'instant.

Et M. de la Botardière apparut dans l'entière majesté de son obésité, nullement percé de dix coups de feu, n'ayant aucun membre fracassé, encore moins la tête en capilotade. Son chapeau seul, outrageusement aplati, bossué, déformé, présentait une apparence fantastique, et cette coiffure donnait un aspect étrange à la figure courroucée du vieillard.

— Ah ! mon oncle, — s'écria la jeune

fille en allant embrasser M. de la Botardière, — quelle peur maman et moi nous avons eue!! Heureusement, ce n'est rien.

— Comment! ce n'est rien! — s'écria le vieillard. — Effrayer mon cheval par un coup de feu, ce n'est rien!

— Mon oncle, — dit madame de Morville, — c'est un de nos gardes qui a déchargé son fusil, sans prévoir que...

— Peu m'importe! il n'en est pas moins arrivé que *Roncevaux* effrayé a pris le galop et a accroché si violemment la borne de la grille, que j'ai failli verser, et que du choc, mon chapeau (il est bien arrangé, vous le voyez) est tombé sous la roue ! De sorte que si *Roncevaux* ne s'était arrêté de lui-même devant le perron, je ne sais pas ce qui serait arrivé. Je risquais d'être broyé sous les roues. Ah ! l'on appelle cela rien... ici.

— Mon oncle, c'est beaucoup trop sans doute, — reprit madame de Morville, — Alphonsine voulait dire que c'était peu de chose auprès des malheurs qui pouvaient arriver.

Mademoiselle de Morville, pendant que sa mère parlait ainsi au vieillard, s'approcha de Madame Pivolet qui restait impassible, et lui dit d'un ton de reproche :

—Voilà encore une de tes inventions, de tes exagérations ! N'as-tu pas honte, à ton âge, d'oser ainsi mentir ?

— Mademoiselle, j'ai vu, ce qui s'appelle vu, monsieur votre oncle en morceaux ! Seulement, il aura bu tout de suite du vulnéraire suisse. Et je n'oublierai jamais cette nouvelle preuve de l'efficacité de cette eau merveilleuse ! Je m'en vais vite faire préparer l'appartement de M. de la Botardière.

Et la femme de charge sortit paisible, sans le moindre remord de conscience.

IV

IV

M. de la Botardière, après le départ de madame Pivolet, se jeta dans un fauteuil en s'essuyant le front et s'écria :

— Mon neveu, je vous le déclare, je retourne à l'instant à la Botardière si le drôle qui a effarouché Roncevaux n'est pas chassé séance tenante! Ce coquin me voyait, il a malicieusement déchargé son fusil à mon approche!

— Mon oncle, permettez. Robert était derrière le mur d'un des pavillons d'entrée : il ne pouvait vous apercevoir.

— A merveille! monsieur! prenez parti pour vos gens contre moi!

Et, se dirigeant vers la porte,

— Que l'on me fasse atteler Roncevaux à l'instant!

— Mon oncle, de grâce! — dit madame de Morville en prenant la main du vieillard et l'obligeant à se rasseoir. — Votre menace ne saurait être sérieuse.

— Je vous répète, ma nièce, que moi ou ce drôle, nous sortirons d'ici, et sur l'heure!

— Soit, mon oncle, reprit M. de Morville. — Robert sortira. Permettez-moi seulement de vous faire observer qu'il est père de famille, il a trois enfants, une vieille mère.

— Est-ce une raison pour effaroucher

perfidement Roncevaux et risquer de me faire briser les membres? Peste! mon neveu, vous êtes clément pour ceux qui en veulent aux os de votre oncle!

— Vous serez satisfait, mon oncle, — dit M. de Morville en échangeant un regard d'intelligence avec sa femme. — Robert s'en ira d'ici.

— Il ne s'agit pas de dire : il s'en ira; il faut qu'il s'en aille aujourd'hui, devant moi.

— Oui, mon oncle, aujourd'hui même il partira; je vais tout-à-l'heure donner à mon régisseur des ordres à ce sujet. Maintenant, puis-je m'informer du résultat de votre voyage? Vous êtes sans doute depuis peu de retour à la Botardière?

— Depuis deux jours, Dieu merci! je croyais n'arriver jamais chez moi, tant était grande mon impatience de voir le terme de cet exécrable voyage!

— Vous n'en avez donc pas été satisfait?

— Satisfait! Mort de ma vie! je m'en souviendrai longtemps, de ce voyage-là! il a été, par ma foi, aussi agréable que la réception qui m'attendait chez vous !

— Mon Dieu ! mon oncle, — dit madame de Morville, — est-ce que vous auriez failli verser ?

— Plût au ciel ! peut-être cette impertinente donzelle eût attrapé quelque bon horion qui l'eût retenue en route, elle et son chevalier ; tous deux n'auraient pas du moins été mon cauchemar depuis Calais jusqu'à Paris.

— Vous aurez sans doute, mon oncle, fait une de ces rencontres fâcheuses auxquelles on est souvent exposé dans les voitures publiques ?

— Souvent? non, pardieu! — s'écria le vieillard avec un accent de récrimination courroucé; — je ne crois pas que l'on rencontre *souvent* de pareilles effrontées, accompagnées de si impertinents polissons!

Madame de Morville, craignant que la conversation ne prît un tour peu convenable pour la modestie de sa fille, lui dit tout bas :

— Mon enfant, va voir si madame Pivolet s'occupe de préparer l'appartement de ton oncle.

La jeune fille se leva et sortit. M. de

Morville reprit en souriant, afin de tâcher de remettre M. de la Botardière en bonne humeur :

— Il paraît, mon cher oncle, que vous avez rencontré une vertu de diligence?

— Une vertu ! dites donc une coureuse, flanquée de deux godelureaux, dont l'un, le préféré, le chéri, sans l'ombre de respect pour mes cheveux blancs, a été d'une insolence sans égale au vis-à-vis de moi durant tout le voyage, à la grande jubilation de sa drôlesse, qui l'encourageait. Oui, je servais de jouet, de plastron, à toute la voiturée. Comme j'avais souvent manifesté tout haut mon désir d'arriver bientôt à la Botardière, désir assurément fort naturel, quand on est empêtré dans une si exécrable compagnie, ces imbécilles et insolents voyageurs demandaient à chaque relais au conducteur : « — Est-ce « ici la *Botardière?* nous ne sommes donc « pas encore arrivés à la Botardière ? « quand donc arriverons-nous à la Botar- « dière ? » Les impudents ! Mais comme je n'ai pas ma langue dans ma poche, je leur rendais des fèves pour des pois !

— En vérité, — reprit madame de Morville, — un tel manque d'égards envers un homme de votre âge, mon oncle, est à la fois lâche et grossier.

— Oui, voilà ce que c'est que la jeunesse d'à-présent.

— Heureusement, mon oncle, il est des exceptions.

— Non!

— Allons, cher oncle, — dit M. de Morville en souriant, — vous ferez bien une exception en faveur de mon fils Gérard.

— Lui! qu'il soit accroché au bras d'une donzelle comme l'était l'insolent polisson dont je parle, il ne vaudra pas mieux que les autres.

— Nous ferons du moins en sorte, — reprit M. de Morville, — qu'il ne fréquente pas de si mauvaise compagnie.

— Et vous aurez fièrement raison si vous pouvez. Imaginez que l'effrontée dont je parle, sans le moindre respect pour mes cheveux blancs, a commencé par lancer son godelureau contre moi, pour revendiquer la place du coin et me forcer ainsi à aller en sixième à reculons, ce que j'abhorre ! Aux tables d'hôte, la donzelle était toujours servie la première : c'était comme une conspiration entre elle, ses deux godelureaux et les autres voyageurs pour ne me laisser que les restes, et ce n'est pas tout : l'un des mauvais drôles dont nous étions empestés disait à chaque repas : « Garçon, servez-moi un poulet *à la Botardière!* un filet de bœuf *à la Botardière!* une anguille *à la Botardière!* » Et ces imbéciles de rire ! Comme c'était spirituel, en effet ! Un autre animal n'avait qu'une éternelle et stupide plaisanterie à la bouche : « *J'ouvre une souscription nationale* pour faire placer le portrait de M. de la Botardière dans toutes les diligences comme l'emblême du charmant voyageur ! » et autres insolences ! Nous remontions en voiture, et pour dessert j'étais régalé de la vue, des chuchotements, des sourires, et tout ce qui s'en suit, entre la donzelle et son godelureau, car je gaze au vis-à-vis de ma nièce; mais aussi, toutes les fois que je sortais de cette infernale voiture ou que j'y rentrais, je m'arrangeais pour lui écraser les pieds, à cette impudente! et elle n'osait souffler mot, car, malgré son godelureau, je vous l'aurais joliment relevée du péché de paresse!

— En vérité, mon oncle, — reprit madame de Morville indignée, — il est déplorable de penser qu'une honnête femme pourrait se rencontrer dans une voiture publique avec de pareilles créatures.

— Et le joli de la chose, c'est que cette aventurière faisait passer son galant pour son frère!

— Mais avec une conduite si éhontée, — dit madame de Morville, — c'est une profanation à la fois gratuite et odieuse qu'un pareil mensonge !

— Pardieu ! ces créatures se moquent pas mal de pareils scrupules ; mais, comme je me doutais de la fourberie, je demande au conducteur le nom du gode-lureau. Il regarde sur la feuille et lit : *Monsieur Théodore de Favrolle.*

— Vous dites, mon oncle ?

— Je dis... Théodore de Favrolle ! Est-ce que par hasard vous connaîtriez cet impertinent qui, avec sa donzelle, composait cet horrible cauchemar à deux têtes qui m'a poursuivi jusqu'à Paris?

— Je ne connais pas ce jeune homme, mon cher oncle; mais s'il est fils de M. de Favrolle, ancien colonel de mon dernier régiment, son père est un de mes vieux amis, j'écrivais justement ce matin à mon frère que, lors de mon dernier voyage à Paris, j'avais rencontré M. de Favrolle le père, et qu'il m'avait dit en riant : « Pour-
« quoi ne marierions-nous pas nos en-
« fants quand ils seront en âge? »

— Ah! par ma foi!... votre fille aurait

là un joli parti ! De plus, vous sentez bien qu'après ce qui s'est passé entre cet impertinent et moi, si vous donniez suite à vos projets ce serait une indignité !

— Mon oncle, écoutez-moi, de grâce...

— Comment ! j'aurais échappé à ce cauchemar pour le retrouver chez vous ! Mort de ma vie ! vous ne me reverriez de vos jours !...

— Monsieur, calmez-vous, je vous en conjure, — reprit madame de Morville,— mon mari vous parle d'un simple propos jeté dans la conversation... Alphonsine n'est pas d'ailleurs en âge d'être mariée.

— Et quand elle serait en âge, madame?

— Mon oncle a raison, Louise, — se hâta de dire M. de Morville, — sans être rigoriste, et sachant qu'il faut, comme on dit, que jeunesse se passe... je vous avoue, mon oncle, que ce que vous nous apprenez de ce jeune Favrolle me donne de lui une fâcheuse opinion... A vingt-deux ans à peine, se conduire avec un tel cynisme, manquer si grossièrement de respect à un homme de votre âge...

— Et si vous revoyez le père de ce polisson-là, — reprit le rancuneux vieillard, — faites-lui bien des compliments de ma part sur monsieur son fils et sa coureuse, véritable aventurière; une de ces créatures qui changent de nom comme d'amant; car pendant que le conducteur lisait sur la feuille le nom de ce M. de Favrolle, je regarde... et comme il n'y avait que cette effrontée de femme dans la voiture, j'acquiers la preuve qu'elle a pris un nom anglais. Or, remarquez qu'elle est Française, puisqu'elle parle français comme vous et moi. Ce qui ne l'empêchait pas de se faire appeler mademoiselle Lawson... Eh bien! quoi, — reprit M. de la Batordière, en voyant son neveu et sa nièce bondir sur leur siége et se regarder avec stupeur, — qu'avez-vous donc? Qu'y a-t-il de si extraordinaire dans ce que je vous dis? Est-ce donc inouï qu'une aventurière française ait pris un nom anglais?... Mais répondez donc! vous restez là comme deux termes...

— C'est qu'en effet, mon oncle, nous sommes confondus, — reprit M. de Morville. Et s'adressant à sa femme : — Y comprends-tu quelque chose?

— Mon ami, c'est impossible, il y a erreur, confusion, — répondit madame de Morville ; — puis le nom de *Lawson* est, je crois, assez commun en Angleterre.

— Quelle erreur? — demanda M. de la

Botardière, — quelle confusion? de quoi parlez-vous? Ah çà, est-ce que nous jouons aux propos interrompus?

— Pardon, mon oncle, — reprit M. de Morville, vous êtes bien sûr d'avoir lu sur la feuille le nom de mademoiselle Lawson?

— Ah çà! me croit-on aveugle? sais-je ce que font un *L*, un *a*, un *w*, un *s*, un *o* et un *n*? car j'ai assez de raisons pour ne l'avoir pas oublié, ce diable de nom!

— Et vous êtes certain que cette personne est Française?

— Puisque je vous dis qu'elle parle français comme nous !

— Est-ce qu'elle venait d'Angleterre ? — demanda madame de Morville avec anxiété.

— Est-ce qu'elle a fait route avec vous depuis Dunkerque, mon oncle ? — ajouta M. de Morville avec non moins d'angoisse ; — ou bien l'avez-vous seulement rencontrée à Calais !

— Se moque-t-on de moi, à la fin ! — — s'écria l'irascible vieillard en se levant. — Comment ! je vous dis que cette aventurière a été cause du plus atroce voyage que j'aie jamais fait de ma vie, et l'on m'accable de questions sur son compte! C'est pardieu trop se jouer de ma patience!

A ce moment, madame Pivolet entra, non plus éperdue, ainsi qu'elle était entrée pour annoncer le lamentable trépas de M. de la Botardière percé de dix coups de feu, mais mystérieuse, ténébreuse, marchant sur le bout des pieds pour s'approcher de ses maîtres, à qui elle dit tout bas, comme si elle eût craint d'être entendue au dehors :

— Monsieur... madame...

— Eh bien ! qu'est-ce — s'écria M. de
Morville à haute voix et très impatiemment. — Que voulez-vous, madame Pivolet ?

Mais la femme de charge, redoublant de mystère, étendit ses deux bras et ses deux mains en avant, et les abaissa plusieurs fois comme pour recommander à ses maîtres de rester silencieux, puis continuant de marcher sur les orteils, elle s'approcha tout près de M. de Morville et lui dit d'une voix plus basse encore :

— Chut ! chut ! monsieur ! c'est un évènement extraordinaire, inouï !

Madame de Morville, connaissant de longue date les imaginations et les exagérations de sa femme de charge, dont une heure auparavant elle avait été encore dupe, et d'ailleurs très inquiète, ainsi que son mari, à propos de la rencontre de M. de la Botardière avec une demoiselle Lawson, madame de Morville ne se laissa pas imposer par les mystérieux préliminaires de madame Pivolet, et lui dit sèchement :

— Parlez, je vous prie, sans toutes ces précautions et cette ridicule pantomime ; vous savez que tout à l'heure encore vous vous êtes imaginé voir ce qui n'était pas..

vous me comprenez ?... Ainsi, je vous y engage, parlez et parlez vite.

Mais madame Pivolet ne s'effrayait pas de si peu ; elle reprit donc toujours à voix basse, et s'adressant cette fois très diplomatiquement à l'oncle de ses maîtres, afin de s'assurer d'un auditeur moins prévenu contre ses fables habituelles :

— Ah ! monsieur de la Botardière, si vous saviez... quelle aventure inconcevable !

— Quoi ! — dit le vieillard, — à qui diable en avez-vous, madame Pivolet, en roulant ainsi des yeux? Quelle est cette aventure?

— Figurez-vous, monsieur, qu'il y a deux heures, M. de Morville a envoyé une lettre au bourg.

— Et puis?

— Par Joseph.

— Après? mais allez donc! il faut vous arracher les paroles les unes après les autres! — dit le vieillard pendant que M. et madame de Morville, de plus en plus préoccupés de l'inquiétante révélation de leur oncle, et se doutant de quelque tour à la façon de madame Pivolet, prêtaient peu d'attention à ses paroles.

— Joseph a donc porté cette lettre, — reprit la femme de charge, — mais au lieu de monter à cheval pour cette commission, il a pris la voiture de service, et de plus la femme du régisseur ayant eu besoin d'aller au bourg, Joseph l'y a conduite.

— Eh bien! qu'est-ce qu'il y a d'extraordinaire là-dedans?

— Attendez donc, monsieur. Joseph part, il arrive au bourg; le voici donc au bourg, avec la voiture de service.

— Allez au diable! — s'écria M. de la Botardière, — vous m'impatientez avec vos redites!

— Pardon, monsieur, mais c'est si incroyable! Enfin, voici Joseph au bourg; il mettait ses chevaux à l'auberge, lorsque arrive la diligence de Paris.

— Que l'enfer confonde les diligences et ceux qui sont dedans... quand j'en suis dehors!

— Ah! monsieur, vous ne croyez pas si bien dire.

— Pourquoi?

— Vous allez le comprendre, monsieur : Pendant que la diligence relaye, on voit descendre à pas de loup de la voiture une femme enveloppée d'un manteau, la figure cachée par un voile épais. Ses compagnons de voyage, hommes à longues barbes et d'une physionomie patibulaire, semblaient suivre cette femme des yeux ; il paraît même qu'au moment où elle a quitté la voiture, ils lui ont fait des signes mystérieux, et l'on aurait remarqué que l'un des deux portait un énorme poignard.

— Un poignard? — dit M. de la Botardière se laissant déjà prendre à la glu de madame Pivolet, — et cette femme voilée?

— Cette femme voilée fait à son tour un signe mystérieux au conducteur, et aussitôt, et aussitôt...

— Eh bien! qu'arrive-t-il?

— Le conducteur descend de l'impériale la malle de la femme voilée...

— Parbleu! c'est tout simple; et moi qui étais là le bec ouvert!

— Non, monsieur, ce n'est pas tout

simple, car cette malle était d'une forme comme qui dirait carrée, mais remarquable par des espèces de chiffres, sans doute cabalistiques, en petits clous dorés. Enfin, lorsque sa malle est descendue, la femme voilée entre à l'auberge d'un air extraordinaire, et d'un air ténébreux elle demande à voix basse, et en paraissant s'entourer du plus profond mystère, où est situé le château de Morville, et si l'on pourrait l'y conduire, n'importe à quel prix, offrant pour cela, dit-on, des sommes! mais des sommes! enfin, tout ce qu'on voudrait!

A ces mots, M. et madame de Morville, assez surpris, écoutèrent plus attentivement la narration de leur femme de charge, sachant, et c'était une justice à lui rendre, que toutes ses fabuleuses exagérations reposaient toujours sur un fait réel : elle changeait le ciron en éléphant, mais enfin le ciron existait ; elle improvisait à donner le vertige sur un thème quelconque, mais le thème existait.

— Ah ! — reprit M. de la Botardière de plus en plus intéressé, — cette femme voilée a demandé l'adresse du château de Morville?

— Oui, monsieur, mais toujours sans lever son voile, toujours en s'entourant de précautions de plus en plus mystérieuses, et paraissant surtout ne vouloir à aucun prix se séparer de sa malle.

— Voilà-t-il pas quelque chose de bien étonnant qu'elle veuille conserver sa malle?

— Mais, monsieur, qui sait ce qu'il peut y avoir dans cette malle? Car enfin on a vu des malles renfermer des...

— Madame Pivolet, — dit madame de Morville en interrompant la femme de charge, — si vous n'abrégez pas, si vous continuez à abuser ainsi de notre patience et de celle de mon oncle, je lui prouverai par votre dernier récit quelle foi l'on doit avoir à vos histoires... et à votre détestable manie de faire quelque chose de rien.

Cette menace produisit un certain effet sur la femme de charge, car elle poursuivit sans circonlocution :

— Joseph se trouvait à l'auberge lorsque la femme voilée demandait l'adresse du château... Il dit à la mystérieuse inconnue qu'il est le cocher de M. de Morville, qu'il a emmené la femme de son régisseur au bourg, qu'il l'attend pour la ramener, et que si la femme voilée a quelque commission à donner pour le château, il s'en chargera... Alors, monsieur, — poursuivit lentement madame Pivolet, triomphant d'avance de l'effet qu'elle allait produire, — alors la mystérieuse inconnue dit à Joseph qu'elle était attendue au château de Morville, et qu'elle profiterait du retour de la femme du régisseur pour faire route avec elle, mais toujours sans vouloir, à aucun prix, se séparer de sa malle.

M. et madame de Morville, fort surpris, car ils n'attendaient aucune visite, n'avaient pas interrompu la femme de charge. M. de Morville lui dit vivement :

— Et qu'a fait Joseph ?

— Joseph, voyant à ce moment arriver madame Dubreuil, la femme du régisseur, lui a dit ce que demandait la mystérieuse inconnue ; madame Dubreuil a répondu que puisque la dame voilée était attendue au château, elles feraient route ensemble.

— Comment! — s'écria M. de Morville, — mais cette dame est donc venue ici avec madame Dubreuil?

— Pardon, Monsieur, — répondit madame Pivolet, qui ne lâchait pas si facilement sa proie et ne donnait pas ainsi de prime-saut le dénouement de son histoire, — il faut vous dire...

— Alors cette dame est restée au bourg? — reprit madame de Morville.

oir, Madame. Permettez-

ttendez personne ici ? —
rdière à son neveu et à sa
comptiez sur aucune vi-

oncle, — répondit M. de
 me semblait-il peu pro-
dame vînt ici. Mais enfin,
'adressant à madame Pi-
me, qu'est-elle devenue ?

breuil lui ayant proposé
château... Ah ! j'oubliais

une chose importante : cette inconnue, outre sa malle et son sac de nuit, tenait toujours à la main une sorte d'étui en maroquin, de la dimension d'une grande feuille de papier à lettre, fort plat et...

— Mais qu'importent ces niaiseries ! — reprit impatiemment M. de Morville. — Cette dame est donc restée au bourg ?

— Monsieur, si vous me tarabustez, je n'en sortirai jamais ; je ne sais déjà plus où j'en étais.

— Oh ! quelle patience ! — s'écria M. de Morville, — quelle patience !

— Ah ! j'y suis, — reprit madame Pivolet. — Madame Dubreuil ayant proposé à l'inconnue voilée de la mener au château, celle-ci a paru toujours de plus en plus inquiète de sa malle, demandant avec instance qu'on la chargeât derrière la voiture, où elle est montée avec madame Dubreuil, et toutes deux...

— Sont revenues ici, alors ! — reprit M. de la Botardière ; — pourquoi diable ne pas dire cela tout de suite ? Au diable la Pivolet !

— Et cette dame, — dit vivement M. de Morville, — où est-elle ? mais répondez donc! est-elle restée chez madame Dubreuil? est-elle ici?

Madame Pivolet regarda de côté et d'autre d'un air effaré, fouilla prestement dans sa poche, d'où elle tira une carte, et dit en baissant la voix :

— L'inconnue est en bas, dans le salon d'été ; elle m'a donné cette carte pour Madame.

M. de Morville, frappant du pied, arracha la carte de la main de madame Pivolet, et lut tout haut et machinalement :

Miss Mary Lawson.

V

V

Au nom de miss Lawson, lu sur la carte de visite par M. de Morville, lui, sa femme et M. de la Botardière s'exclamèrent presque en même temps sur des tons différents.

— Elle aura devancé l'époque de son

départ d'Irlande ! — s'écria madame de Morville.

— Il est impossible que ce soit la même personne que mon oncle a rencontrée en diligence ! — s'écria M. de Morville dans une angoisse mortelle.

— C'est par trop fort ! — s'écria à son tour M. de la Botardière indigné. — Comment ! cette coureuse, mon cauchemar, vient me relancer jusqu'ici ? Quelle effronterie ! quelle audace !

— Quoi ! la dame mystérieuse,—s'écria à son tour madame Pivolet, ne laissant tomber aucune de ces paroles,—c'est une coureuse! Je m'en doutais. — Et s'adressant à sa maîtresse, — Madame, si c'était une *brigande!* Ces hommes sinistres à longues barbes, armés jusqu'aux dents de poignards, de pistolets et de carabines, qui lui ont fait des signes cabalistiques lorsqu'elle est descendue de diligence, ce sont des brigands! Ils s'entendent... Le château est isolé. Pour sûr, nous serons égorgés cette nuit. C'est fini de nous! Ah! mes pauvres maîtres, c'est fini de nous!

Et il s'en fallut de peu que madame Pivolet ne se mît à crier : A l'assassin!

M. et madame de Morville étaient si confondus, si troublés, qu'ils laissaient madame Pivolet donner cours à ses improvisations. Aussi, ne recevant pas de réponse de ses maîtres, elle se retourna vers M. de la Botardière, le saisit brusquement par le bras d'une main tremblante, et lui dit :

— Monsieur, ne pensez-vous pas que c'est une brigande? Elle a des poisons cachés dans son étui de maroquin, des matières incendiaires dans sa malle. Voilà pourquoi elle ne voulait pas s'en séparer. Tout s'explique : le château sera ravagé, incendié cette nuit; il n'en restera que des cendres!

Et peu s'en fallut que madame Pivolet ne criât au feu.

— Ce qu'il y a de certain ! — s'écria le rancuneux vieillard, — c'est que j'exige que cette aventurière soit chassée d'ici à l'heure même !

— Je cours exécuter vos ordres, monsieur, je vais faire armer tous les domestiques, — s'écria héroïquement la femme de charge ; — ses complices ne sont peut-être pas loin : ce sont ces scélérats qui auront tiré des coups de fusil sur M. de la Botardière ! Comme tous les crimes se découvrent pourtant ! ce que c'est que la Providence ! Je vais envoyer un domestique à toute bride chercher la gendarmerie du bourg.

Et madame Pivolet s'élançait vers la port lorsque M. de Morville l'arrêta par le bras et lui dit rudement :

— Restez là !

Puis se tournant vers M. de la Botardière.

— Mon oncle, de deux choses l'une : ou la personne qui est en bas est mademoiselle Mary Lawson, une institutrice anglaise que nous avions d'abord acceptée à la recommandation de mon frère Auguste, et alors il est impossible que ce soit la personne avec laquelle vous avez voyagé.

— Pourquoi donc, impossible ?

— Parce qu'Auguste, que vous connaissez comme moi, mon oncle, n'a pu nous envoyer comme institutrice pour ma fille qu'une personne parfaitement honorable.

— Votre frère Auguste,—dit le vieillard, — un cerveau brûlé, un étourneau ! Belle caution, ma foi ! il se sera laissé duper par cette aventurière, voilà tout.

— Je vous demande pardon, mon oncle,

— reprit madame de Morville d'une voix douce et ferme, — nous sommes convaincus que dans une circonstance si délicate, si grave, mon beau-frère a dû agir avec une extrême circonspection et que son choix était excellent.

— Ainsi, — s'écria le vieillard exaspéré, — je suis un oison... un aveugle... un imbécille... incapable de distinguer une sage et honnête personne, d'une effrontée qui m'a causé mille avanies pendant cet infernal voyage!

— Nous ne mettons pas en doute ce que vous nous avez raconté, mon oncle, —

reprit M. de Morville ; — seulement, il se trouve qu'il existe deux demoiselles Lawson : l'une qui vient d'arriver ici, apportant sans doute une lettre de recommandation de mon frère, et une autre femme qui a voyagé avec vous, et qui est à cette heure je ne sais où, peu m'importe...

— Évidemment, — reprit madame de Morville, — c'est le seul moyen d'expliquer ce qui arrive : le nom de Lawson est sans doute commun en Angleterre.

— Au diable les Lawson ! — s'écria le vieillard. — S'ils se ressemblent tous, les meilleurs sont bons à noyer.

La porte du salon s'ouvrit soudain. Mademoiselle de Morville entra précipitamment en s'écriant :

— Mon père ! maman, vous ne savez pas?... miss Marry est arrivée ! elle est en bas, dans le salon ; je viens de causer avec elle.

— Comment ! tu l'as déjà vue ? — demanda madame de Morville.

— J'entrais dans le salon pour aller faire préparer l'appartement de mon oncle ; j'aperçois une jeune personne jolie, oh ! mais si jolie que j'en suis restée toute sai-

sie, d'autant plus que je ne m'attendais pas à trouver quelqu'un là. Elle se lève, s'approche, et me dit en français, d'un air doux et timide : « C'est peut-être à made-
« moiselle de Morville que j'ai l'honneur
« de parler ? — Oui, mademoiselle. »
Alors elle tire une lettre d'un petit étui de maroquin qu'elle tenait à la main, me la donne et me dit : « Ayez la bonté, made-
« moiselle, de remettre à madame de Mor-
« ville, à qui j'ai déjà envoyé ma carte, cette
« lettre de *M. Auguste de Morville*, consul
« à Dublin. » A ces mots je me rappelle l'institutrice que le frère de mon père devait nous envoyer, et je réponds : « Vous
« êtes sans doute miss Mary Lawson ? —
« Oui, mademoiselle ; j'ai quitté Dublin

« un peu plus tôt que je ne l'avais pensé
« d'abord, et j'ai pris la diligence de Ca-
« lais il y a huit jours. »

— C'est elle! — s'écria M. de la Botardière; — c'est cette...

— Mon oncle! — dit vivement M. de
Morville au vieillard, — songez à ma fille!
Je réponds sur mon honneur que vous
êtes dans une erreur complète. Aussi, je
vous en conjure, n'oubliez pas que miss
Mary est de ce moment l'institutrice d'Alphonsine.

— Ah! je me trompe! dit le vieillard.

Et s'approchant de mademoiselle de Morville, qui, sans comprendre le sens des paroles qu'elle venait d'entendre échanger entre son père et M. de la Botardière, les regardait tous deux d'un air surpris et inquiet.

— Tu dis, ma nièce, que cette jeune personne a pris la diligence à Calais il y a huit jours.

— Oui, mon oncle, elle vient de me l'apprendre.

— Comment est-elle de visage ?

— Oh ! jolie par admiration, et l'air si

doux, si bon! Tiens, maman, figure-toi mademoiselle Lagrange, avec la beauté de plus.

— Belle, je ne dis pas non, — reprit brusquement le vieillard. — Et ses cheveux de quelle couleur sont-ils?

— Châtain-clair.

— C'est cela. Et les yeux, bleus?

— Oui.

— Elle est coiffée d'un chapeau de paille doublé de rose?

— Oui, mon oncle. Mais vous l'avez donc vue aussi ?

— J'ai eu probablement ce bonheur-là. Elle porte, n'est-ce pas, un tartan écossais à carreaux blancs et verts et des bottines pareilles ?

— Oui, mon oncle, — répondit la jeune fille de plus en plus étonnée, pendant que M. de la Botardière, souriant d'un air triomphant et cruel, se retourna vers M. et madame de Morville et leur dit :

— Eh bien ! j'étais aveugle, j'étais dans une erreur complète ! vous en répondiez *sur votre honneur*, monsieur mon neveu !

— Maman, — ajouta la jeune fille de plus en plus interdite, remarquant l'air courroucé de son oncle et remettant à madame de Morville la lettre qu'elle venait de recevoir de miss Mary, — voici la recommandation de mon oncle de Dublin. Est-ce que toi et mon père, vous n'allez pas descendre pour recevoir Miss Mary ? Il y a déjà si longtemps qu'elle attend toute seule !

— Mon enfant, — se hâta de dire M. de Morville en voyant son oncle sur le point d'éclater à cette pensée que l'on pourrait recevoir mademoiselle Lawson, — va, je t'en prie, tenir compagnie à miss Mary ; tout à l'heure ta mère et moi nous irons te rejoindre.

La jeune fille sortit avant que M. de la Botardière, stupéfait, ait pu trouver une parole ; mais il s'écria bientôt avec une explosion de furieuse indignation :

— Comment ! après ce que je vous ai dit, vous oseriez me faire l'injure de recevoir cette créature ! Mort de ma vie ! si je le croyais !

— Madame Pivolet, — dit sévèrement

M. de Morville, qui avait jusqu'alors oublié la présence de la femme de charge, et qui la voyait gagner la porte à pas de loup, afin d'aller sans doute contempler la *brigande*, ou faire part aux gens de la maison de cette nouvelle et mystérieuse aventure, vous allez entrer, s'il vous plaît, dans ce cabinet.

Et il ouvrit la porte d'une espèce de petit boudoir attenant au salon.

— Dans ce cabinet, monsieur? — s'écria madame Pivolet en regimbant, et pourquoi faire?

— Pour y rester jusqu'à ce que je vous

en fasse sortir... Allons vite ! — ajouta rudement M. de Morville en ouvrant la porte et poussant la femme de charge par le coude. — Entrez ! entrez !...

— Mais, monsieur... c'est m'emprisonner ! — s'écria madame Pivolet d'un ton lamentable en obéissant pourtant aux ordres de son maître. — C'est me mettre au cachot ! autant m'enchaîner ! me précipiter dans les oubliettes du château ! et puis, je n'ai pas déjeuné, monsieur ! C'est vouloir me livrer aux tortures de la faim ! me faire périr ! me...

Les derniers mots de madame Pivolet

furent malheureusement perdus par les auditeurs, car M. de Morville la poussa dans le cabinet, dont il ferma la porte à double tour, puis se rapprochant de M. de la Botardière, il lui dit d'un ton respectueux mais ferme :

— Mon oncle, je m'adresse à votre loyauté à l'affection que vous nous portez, et, s'il le faut, j'invoquerai le souvenir si vénéré de ma mère, votre sœur, pour vous supplier de nous venir en aide dans une circonstance aussi difficile qu'inexplicable pour nous.

— Inexplicable! après ce que je vous ai

dit? après ce que votre fille vient de vous rapporter? se moque-t-on de moi? Quoi! vous conserveriez le moindre doute au sujet de l'identité de cette aventurière, mon cauchemar?

— Maintenant, je suis certain, mon oncle, à moins de croire à ces ressemblances de sosies qui n'existent pas, et à un concours de circonstances inouïes, je suis certain, dis-je, que vous avez voyagé avec mademoiselle Lawson que nous attendions, et qu'elle est à cette heure en bas dans le salon.

— Eh bien! alors? chassez-la de chez

vous, et que ça finisse! cela n'a que trop duré!

— Veuillez décacheter et lire cette lettre de mon frère Auguste.

— A quoi bon ?

— Je vous le demande en grâce ; je vous en supplie, mon oncle.

Le vieillard, haussant les épaules avec une impatience irritée, lut la lettre, pendant que M. et madame de Morville échangeaient quelques mots à voix basse.

—Eh bien! qu'est-ce que prouve cette

lettre? — reprit M. de la Botardière. — Elle ne prouve rien du tout, sinon que votre frère a été dupe d'une intrigante.

— C'est en cela, monsieur, — reprit madame de Morville, — que nous différons complètement d'avis avec vous : miss Lawson ne peut pas être, n'est pas une intrigante !

M. de la Botardière crut ne pas avoir entendu et reprit :

— Répétez un peu cela.

— Je me permets de vous faire observer, — reprit madame de Morville, — que nous sommes persuadés que mon beau-frère n'a pas été dupe dans le choix de l'institutrice qu'il a bien voulu nous envoyer.

— Ah! ah! — fit le vieillard d'un ton sardonique, — il s'ensuit alors que moi je suis un menteur, et que j'ai inventé ni plus ni moins que le ferait madame Pivolet, tout ce que je vous ai dit sur cette drôlesse et sur son godelureau?

— De grâce, ne vous fâchez pas, mon cher et bon oncle, — dit M. de Morville au vieillard avec autant de déférence que d'affection, mêlée cependant d'un léger embarras, — nous sommes entre deux écueils : ou il nous faut chasser d'ici comme indigne une jeune personne recommandée par mon frère, ou bien croire que peut-être vos souvenirs ne sont pas absolument fidèles, à propos de plusieurs circonstances de votre voyage avec miss Lawson.

— Ainsi, je radote? je suis tombé en enfance? Pourquoi ne pas demander mon interdiction tout de suite ?

— Permettez, — reprit M. de Morville, — il arrive souvent que nos souvenirs nous sont plus ou moins présents. De là naissent parfois quelques erreurs d'appréciation involontaires.

— Il se pourrait encore, — ajouta madame de Morville, — qu'aigri, très naturellement d'ailleurs, par les désagréments d'un incommode et fâcheux voyage, vous ayez été dans une disposition d'esprit peu favorable à miss Lawson, et que, trompé à votre insu par des apparences...

— Des apparences! quand cet insolent M. de Favrolle, malgré mes cheveux blancs, m'a accablé de grossièretés pendant tout ce voyage, à l'instigation de cette effrontée!

— Cette circonstance d'une fraternité supposée entre M. de Favrolle et miss Mary me semble, il est vrai, incompréhensible, mon oncle. Cependant, pardonnez-moi d'insister autant à ce sujet, êtes-vous bien certain que votre mémoire est exacte en ce qui touche les familiarités plus qu'inconvenantes que vous auriez remarquées entre miss Mary et M. de Favrolle?

— Mort de ma vie! — s'écria le vieillard d'un ton aussi courroucé qu'indigné, je crois qu'on m'outrage à ce point de douter de mes paroles! Me faire subir un interrogatoire! voilà qui est d'une audace...

— Mais monsieur, — dit vivement madame de Morville, — il s'agit pour nous, mon mari vous l'a dit, de chasser ignominieusement d'ici une jeune personne que nous avions tout lieu de croire des plus honorables. Je suis mère, monsieur, et en ce moment je ressens tout ce que j'éprouverais si je voyais ma fille calomniée.

— Moi, calomniateur, madame! — s'écria M. de la Botardière exaspéré. — Ah! c'est ainsi qu'on me traite!

Et se levant, il tira sa montre et dit : Il est deux heures, je rentre chez moi. Si cette aventurière n'est pas chassée d'ici, devant moi, à trois heures, je retourne à la Botardière, et de ma vie vous ne me reverrez. Je devrais prendre ce parti à l'instant même, mais par égard pour le souvenir de ma sœur que vous avez invoqué, je daigne avoir pitié de vous et vous donne le temps de réfléchir. Mais prenez-y garde ! une fois ma résolution prise, ni prières, ni supplications ne me fléchiront. Ce sera une rupture éternelle. Adieu, monsieur, je vais attendre votre décision.

— Un mot encore, monsieur, reprit M. de Morville avec un accent rempli de dignité : — il me serait profondément douloureux de renoncer à votre amitié ; mais j'aurais le courage de me résigner à ce cruel sacrifice plutôt que de vouer qui que ce soit à l'ignominie sans lui donner les moyens de se justifier.

— A votre aise ! — dit M. de la Botardière ; — dans une heure je vous mettrai en mesure de prouver ce bel héroïsme, monsieur le don Quichotte des aventurières !

Et l'intraitable vieillard sortit furieux du salon.

M. et madame de Morville restés seuls, celui-ci, s'écria :

— En vérité, il m'a fallu toutes mes habitudes de respect envers le frère de ma mère, pour me contenir ; il est d'une violence, d'une opiniâtreté, d'une hauteur qui passe toutes les bornes ; son caractère devient intolérable.

— Certes, pour mille raisons, mon ami, l'arrivée inattendue de miss Mary me contrarie au dernier point. Ce matin, je t'ai parlé avec une entière franchise ; j'avais eu ensuite avec Alphonsine un entretien où j'avais puisé les plus douces espérances ; tout l'avenir est maintenant remis en question, j'ai malgré moi le cœur navré ; mais il serait indigne à nous de céder aveuglément aux exigences de ton oncle.

— Y comprends-tu quelque chose ?

— Sa demande d'expulsion de ce pauvre Robert pour une faute involontaire nous est une nouvelle preuve de cet esprit atrabilaire, intraitable, qui va toujours empirant. Sans la circonstance inexplicable, je l'avoue, de la feinte parenté de miss Mary et du jeune M. de Favrolle, je m'expliquerais parfaitement que ton oncle ait pris cette jeune personne en aversion parce qu'elle aura été la cause involontaire d'une foule de désagréments, de moqueries de mauvais goût, sans doute, mais qu'il se sera attirés par ses habitudes égoïstes, despotiques et irritables.

— Eh mon Dieu, oui! C'est toujours l'histoire que je rappelais ce matin à Auguste : lorsque mon oncle m'emmenait avec lui au spectacle, il se rendait insupportable à ses voisins, et à la première réplique, il se retranchait derrière ses cheveux blancs et me mettait en avant.

— Et comme, dans ce malencontreux voyage dont le souvenir l'exaspère, il ne t'avait pas avec lui pour le soutenir, il se sera attiré mille désagréments. Je conçois cela. Mais cette feinte fraternité de mademoiselle Lawson avec M. de Favrolle? Il faut que le fait soit vrai; ton oncle ne connaissait pas ce jeune homme, et il nous a dit son nom. Puis ces inconvenantes familiarités entre cet étourdi et miss Lawson? J'admets que ton oncle exagère, mais ceci, mon ami, n'en est pas moins fort grave.

— Cependant, comment penser qu'Auguste ait été si incroyablement abusé sur le compte de miss Lawson?

— Dans son désir de venir en aide à une famille malheureuse, n'aurait-il pas fermé les yeux sur bien des choses?

— Louise, y songes-tu? il s'agissait

d'une institutrice pour notre fille, et mon frère, homme de sens et de cœur, aurait été assez léger pour... Allons, ce soupçon seul serait un outrage!

— Soit. Mais enfin cette fraternité feinte avec cet étourdi de vingt ans?

— Louise, il est impossible de faire attendre plus longtemps mademoiselle Lawson. Notre retard à aller la recevoir doit lui sembler inconcevable, blessant; mettons-nous à sa place : elle est à deux cents lieues de son pays, seule; elle arrive dans une maison où elle a le droit de compter sur un bienveillant accueil, et voilà plus d'une heure que nous la laissons en bas ! C'est un cruel manque d'égards ; il faut prendre un parti à l'instant même.

— Lequel ? L'interroger sur les faits que ton oncle affirme ?

— Ce serait une insulte envers elle.

— Mais cependant, mon ami, nous devons prendre en considération ce que nous a révélé ton oncle. Quant à moi, d'abord, jamais je ne confierai ma fille à une personne sur qui peut planer le moindre soupçon.

— Ni moi non plus ; mais encore une fois que résoudre ? Songe donc qu'elle nous attend, que chaque minute de retard rend sa position et la nôtre de plus en plus difficile et pénible.

— Eh! mon Dieu! qu'elle attende! Tant pis pour elle ! — s'écria madame de Morville avec une impatience douloureuse ; pourquoi s'est-elle tant pressée de venir?

— Ah! Louise, c'est dur, c'est injuste! Miss Lawson, dans son zèle, se sera empressée de se rendre auprès de nous.

— Tu as raison, c'est odieux ce que j'ai

dit là. Pauvre créature, elle aura craint de manquer cette place inespérée pour elle. Tiens, je te dis que quelquefois je ne me connais plus. Ah! il faut que cette jeune fille soit née sous une mauvaise étoile pour être venue ici!

L'entretien de M. et madame de Morville fut interrompu par l'entrée de leur fille.

— Comment, mon enfant, — lui dit M. de Morville d'un ton de reproche, — tu laisses seule miss Lawson au lieu de lui tenir compagnie jusqu'à notre arrivée?

— Pardon, mon père, reprit timide-

ment la jeune fille, — moi, j'ai cru bien faire ; si tu savais comme, de moment en moment, cette pauvre demoiselle devient embarrassée ! elle paraît aussi surprise qu'inquiète de ne voir sans doute ni toi ni ma mère ; j'en ai le cœur tout gros ; ce n'est pas qu'elle m'ait en rien témoigné son étonnement de votre oubli... Elle me parlait au contraire de mon oncle de Dublin et de sa famille avec une vive reconnaissance ; mais je m'apercevais bien qu'en ne vous voyant pas venir, sa figure s'attristait de plus en plus ; il m'a même semblé remarquer une larme rouler dans ses yeux. Alors j'ai pris sur moi de lui dire :
— « Mademoiselle, il ne faut pas vous
« étonner de ce que maman et mon père

« ne soient pas encore descendus près de
« vous, mais ils son avec un de mes on-
« cles qui à l'instant arrive de voyage et
« qu'ils n'avaient pas vu depuis fort long-
« temps. »

— Bien, chère enfant, — lui dit tendrement son père, — ton cœur t'a servi à merveille.

— Je le crois, mon père, car mes paroles ont paru soulager miss Lawson d'un
grand poids; sa figure s'est comme épa-
nouie, il m'a semblé qu'elle me regardait
d'un air de remercîment; aussi, me voyant
me lever, elle m'a dit : « Je vous en con-
« jure, mademoiselle, ne dérangez pas

« pour moi M. et madame de Morville :
« il est si naturel qu'ils restent auprès d'un
« parent arrivant de voyage ! » Mais, moi, malgré cela, je suis accourue vite vous trouver, et tout ce que je peux vous affirmer, c'est que je n'ai plus peur du tout de miss Mary, et que je suis presque contente de ce que votre lettre pour mon oncle de Dublin, dont je ne lui ai pas parlé, bien entendu, soit partie trop tard, car il me semble que miss Mary me consolera de la perte de mademoiselle Lagrange.

— Ma chère Louise, — dit M. de Morville à sa femme, — il est impossible de ne pas aller recevoir miss Mary.

— Mais, mon ami, — reprit madame de Morville avec inquiétude en faisant à son mari un signe d'intelligence, — as-tu bien réfléchi ?...

— Sois tranquille, j'ai réfléchi à tout, — répondit M. de Morville en faisant à son tour un signe à sa femme qu'il l'avait comprise. — Descendons au salon.

Au moment où M. et madame de Morville allaient quitter l'appartement, leur fille leur dit :

— Ah ! mon Dieu ! mon père, as-tu entendu ce gémissement dans ce cabinet ?

— C'est madame Pivolet, — reprit M. de Morville, — je sais ce que c'est ; toi, va nous attendre dans ton cabinet d'études...

— Vous viendrez m'y rejoindre avec miss Mary, pour que je lui montre mes dessins, mes cahiers, n'est-ce pas ?

— Va toujours nous attendre, mon enfant, — répondit M. de Morville à sa fille qui sortit.

— Mais enfin, mon ami, — reprit madame de Morville, — que vas-tu dire à miss Lawson ?

— J'ai mon projet, nous pourrons tout éclaircir sans la blesser en rien.

Et ce disant, M. de Morville alla *désemprisonner* madame Pivolet, qui sortit de son *cachot* en poussant des gémissements lamentables. Elle s'apprêtait sans doute à improviser longuement sur ce thème superbe : *sa sortie des oubliettes du château,* où elle avait été livrée aux horreurs de la faim. Mais M. de Morville lui dit d'une voix brève et sévère :

— Ecoutez bien ceci, madame Pivolet : vous avez tout à l'heure entendu mon oncle parler d'une personne avec laquelle il a voyagé; par suite d'une méprise, il l'a confondue avec mademoiselle Lawson qui vient d'arriver ici. Je vous déclare que si vous vous permettez de répéter à qui que ce soit une seule des paroles prononcées par mon oncle dans un moment d'erreur, vous ne resterez pas vingt-quatre heures chez moi. Ne m'interrompez pas ; je n'oublie pas que vous avez été la nourrice de ma fille, et que vous m'avez fidèlement servi. Je pourvoierai largement à vos besoins, mais, je vous le répète, je commence à me lasser de vos mensonges et de vos folies. A votre première incartade en ce genre, vous quitterez cette maison pour n'y jamais rentrer ; rappelez-vous *Dupont*, qui avait été trente ans au service de ma mère ; il abusait aussi de notre indulgence. Après lui avoir assuré une pension, je l'ai renvoyé dans son pays. Je ne vous dis que cela.

Après ces paroles prononcées d'un ton ferme, qui ne permettait pas le moindre doute sur la réalisation de la menace qu'il adressait à madame Pivolet, M. de Morville se rendit en hâte avec sa femme auprès de miss Mary.

A peine ses maîtres furent-ils éloignés que madame Pivolet s'écria :

—Il le ferait comme il le dit ; il aurait

l'atrocité de m'envoyer vivre ailleurs avec une bonne pension, et, comme cet infortuné Dupont, il me jetterait sur la terre d'exil ! Voilà la reconnaissance des maîtres ! Oh ! tu me paieras tout ça, la belle Anglaise !

VI

VI

M. et madame de Morville trouvèrent miss Mary assise dans le salon. Elle se leva, et vint à eux avec un maintien rempli de modestie et de grâce.

— Mademoiselle, — lui dit M. de Morville d'un air un peu contraint, — veuillez nous excuser d'avoir autant tardé à nous rendre auprès de vous.

— Je savais, Monsieur, par mademoielle de Morville, que vous receviez un de vos parents arrivé de voyage.

— Oui, Mademoiselle, — reprit M. de Morville en jetant à sa femme un regard significatif dont miss Mary ne s'aperçut pas, car elle tenait timidement les yeux baissés ; — je crois même que mon oncle, M. *de la Botardière,* a eu l'honneur de voyager avec vous depuis Calais.

Au nom du fâcheux vieillard, mademoiselle Lawson parut surprise, mais ses traits ne trahirent pas le moindre embarras. Elle leva les yeux sur M. de Morville et lui dit simplement :

— Ah ! Monsieur, je crains d'avoir involontairement rendu ce voyage peut-être désagréable à monsieur votre oncle.

— Comment donc cela, Mademoiselle ? — demanda madame de Morville.

—Madame, je crains que ces détails, qui me sont tout personnels, ne méritent guère votre attention.

— Au contraire, Mademoiselle, — reprit M. de Morville, — rien de ce qui vous intéresse ne peut nous être indifférent.

— Arrivée seule à Calais, Monsieur, — dit miss Mary, — je me suis trouvée fort embarrassée, un ancien serviteur de ma famille, que j'ai rencontré par hasard dans le bureau de la diligence, m'ayant donné quelques inquiétudes sur les suites possibles de mon voyage.

— Quelles inquiétudes, Mademoiselle? — demanda madame de Morville.

— Ce vieux serviteur avait entendu deux jeunes gens, qui devaient voyager avec moi, parler légèrement à mon sujet, — ajouta miss Mary en rougissant. — Ils me voyaient seule, ils ne me connaissaient pas, et l'un d'eux, dans l'étourderie de son âge, ne cacha même pas certaines espérances... peu honorables pour lui, peu flatteuses pour moi.

— Ah! c'est indigne! — dit vivement M. de Morville. — Rien n'est plus sacré qu'une femme seule et sans protection.

— Je me hâte d'ajouter, Monsieur, — reprit miss Mary, — que celui de ces deux jeunes gens qui s'était d'abord si étrangement mépris à mon égard, ayant noblement, généreusement réparé, pendant tout le voyage, une mauvaise pensée d'un moment, ne m'a laissé aucun regret d'une démarche qui, sans doute, va vous sembler singulière.

— Quelle démarche, mademoiselle?

— Voyageant seule pour la première fois de ma vie, apprenant qu'il n'y avait pas d'autre femme que moi dans la voiture, peu rassurée par la gaîté bruyante de plusieurs de mes compagnons de route, instruite de quelques paroles échappées à l'un des deux jeunes gens dont je vous ai parlé, Madame, m'exagérant peut-être les conséquences de leur étourderie, et redoutant surtout, je l'avoue, d'être réduite à cette extrémité toujours si humiliante, si douloureuse pour une femme, d'avoir à rappeler le respect qui lui est dû, j'ai loyalement prié celui-là même des deux jeunes gens qui m'avait trop légèrement jugée, de me prendre sous sa protection pendant ce long voyage. Et pour que cette protection parût aussi convenable que possible, j'ai proposé à M. de Favrolle... c'est son nom... de passer pour sa sœur. Il y a consenti. Je dois vous le dire, Madame, je n'oublierai jamais avec quelle délicate bonté, avec quelle parfaite mesure M. de Favrolle a rempli son rôle de frère. Vous le voyez, Madame, cette démarche était hardie de ma part... mais...

— Mais je la conçois à merveille ! — se hâta de répondre madame de Morville à la fois touchée de la sincérité de miss Mary et de la pénible position où elle avait dû se trouver. — Je vous l'avoue, malgré mon âge, j'aurais une frayeur mortelle de voyager seule dans une voiture publique ; et j'eusse agi comme vous, Mademoiselle, si cette heureuse pensée me fût venue. A cette différence près, — ajouta madame de Morville en souriant, — que j'aurais prié M. de Favrolle de vouloir bien passer pour mon fils.

— Nous regrettons beaucoup, Mademoiselle, — reprit M. de Morville, — d'avoir été la cause première d'un voyage qui a pu vous laisser quelques pénibles souvenirs.

—En effet, Monsieur, car sachant maintenant que M. de la Botardière est de vos parents... il m'est pénible de penser que, protégée par M. de Favrolle, ma présence dans cette voiture, où j'ai rencontré monsieur votre oncle, a peut-être augmenté pour lui les désagréments de ce voyage ; malheureusement, nos compagnons de route n'ont que trop oublié qu'il est de bon goût de subir en silence quelques contrariétés, au lieu de chercher à s'en venger par des railleries d'autant plus regrettables qu'elles s'adressent à un homme âgé.

—Entre nous, Mademoiselle, — reprit en souriant M. de Morville, — je puis vous avouer que mon oncle n'est pas d'un caractère parfaitement facile. Vous aurez pu peut-être vous en apercevoir, je n'ose dire en souffrir. Nous avons pour le frère de ma mère toute la déférence qu'il mérite; cependant nous savons par expérience qu'il est sujet à de certaines brusqueries.

— Que son âge doit faire tolérer, Mon-

sieur, — répondit doucement miss Mary :
— aussi, quant à moi, et je m'en félicite
doublement à cette heure, je n'ai pas oublié un instant que monsieur votre oncle
avait les cheveux blancs comme mon père ;
il est seulement fâcheux que, dans deux
ou trois circonstances, M. de Favrolle, je
ne voudrais pas dire poussé à bout, mais
enfin moins patient qu'il n'aurait dû l'être, n'ait pu, malgré mes vives instances,
retenir quelques paroles un peu vives,
mais qui n'ont jamais dépassé, je vous l'affirme, la retenue que sait imposer un
homme de bonne compagnie.

— Ce que vous m'apprenez de M. de

Favrolle ne m'étonne pas, Mademoiselle, — reprit M. de Morville ; — son père est un de mes vieux amis, homme d'honneur par excellence. J'aurais été surpris que son fils, à part une fâcheuse étourderie à votre égard, et noblement réparée d'ailleurs, ne se fût pas montré un parfait galant homme.

— Ah! Monsieur! puisque vous connaissez le père de M. de Favrolle, — dit miss Mary avec sa candeur et sa loyauté habituelles, — vous me donnerez son adresse, je vous prie ; je l'enverrai à ma mère, à qui j'ai écrit les incidents de mon voyage : elle sera heureuse de pouvoir témoigner à M. de Favrolle toute sa reconnaissance de la généreuse conduite de son fils envers moi.

— Certainement, Mademoiselle, — dit M. de Morville, — votre désir est trop louable pour que je ne m'empresse pas de le satisfaire.

— Ce n'est pas tout tout, Monsieur, — reprit en souriant miss Mary, — j'ai une autre grâce à vous demander : veuillez me présenter à M. votre oncle, j'ai à cœur de lui prouver que je ne garde pas le moindre souvenir de ses vivacités, très excusables d'ailleurs chez une personne de son âge, rendue sans doute un peu irritable par la fatigue d'une longue route et d'un voyage incommode.

— Je suis certain, Mademoiselle, — dit M. de Morville, — que mon oncle s'empressera de regretter ses torts envers vous.

— Grand Dieu ! Monsieur, telle n'est pas ma pensée. Tout est oublié ; mon seul désir est de mériter la bienveillance de votre oncle, comme je désire mériter celle de toutes les personnes d'une famille à qui moi et les miens nous devons tant de reconnaissance.

— Mademoiselle...

— Pourquoi vous en défendre, Monsieur ? Je désire, au contraire, vous convaincre que ma position auprès de mademoiselle de Morville est, pour ma famille et pour moi, une consolation inespérée à d'honorables revers de fortune ; plus vous serez pénétré de ce que nous vous devons, Monsieur, ainsi qu'à madame de Morville, plus vous serez certains, je l'espère, de ma résolution d'accomplir de mon mieux mes devoirs envers mademoiselle votre fille, tâche bien douce d'ailleurs, si j'en juge d'après le peu d'instants que j'ai passés près d'elle.

— Nous savions, par mon frère, combien nous serait précieuse l'aide que vous voulez bien nous apporter, Mademoiselle, pour achever l'éducation d'Alphonsine.

— Puisque nous parlons de M. votre frère, Monsieur, — reprit miss Mary, — permettez-moi de m'acquitter d'une commission dont il m'a chargée pour mademoiselle de Morville.

Et miss Mary, après l'avoir ouvert, remit à la mère d'Alphonsine ce fameux étui de maroquin qui avait tant excité l'imagination de madame Pivolet et qu'elle soupçonnait fort de contenir d'affreux poisons.

A peine madame de Morville eut-elle jeté les yeux sur ce que contenait cet étui, qu'elle s'écria d'un air ravi en s'adressant à son mari :

— Vois donc, mon ami, combien ma belle-sœur est ressemblante, ainsi que ses deux enfants. C'est frappant !

— En effet, — dit M. de Morville, — cela vit et respire !

— Et ces deux petits anges, — reprit

madame de Morville, — comme ils sont heureusement groupés sur les genoux de leur mère! Quel tableau ravissant!

— Je n'ai rien vu de plus ressemblant et de plus charmant, reprit M. de Morville en contemplant, ainsi que sa femme, avec un redoublement d'admiration, cette délicieuse aquarelle, aussi remarquable par la grâce de la pose, la pureté du dessin et la finesse du coloris, que par la fidèle reproduction des traits.

—En vérité, ton frère Auguste me gâte... Il ne pouvait me faire un présent qui m'enchantât davantage, — reprit madame de

Morville en ne se lassant pas de regarder l'aquarelle. Puis se retournant vers miss Mary :

— Je vous remercie, — Mademoiselle, d'avoir bien voulu vous charger de m'apporter ce portrait. Mais savez-vous que vous possédez en Irlande des artistes de premier ordre !

— Comment cela, Madame ? — demanda naïvement miss Lawson, dont la modestie avait été fort embarrassée des louanges accordées à cette peinture.

— Sans doute, — reprit M. de Morville

en regardant encore le portrait, — cette aquarelle est d'un rare mérite.

au

— En vérité, Monsieur, vous augmentez encore ma confusion, — dit miss Mary en rougissant : — cette aquarelle est mon ouvrage.

— Vraiment, — Mademoiselle ? — dit madame de Morville, — mais votre talent en peinture est des plus remarquables !

— Vous êtes, Madame, trop indulgente; le seul mérite de cette aquarelle est peut-être la ressemblance. Madame votre belle-sœur a bien voulu m'accorder quelques séances avant mon départ de Dublin; je ne pouvais trouver une plus heureuse occason de tâcher de justifier à vos yeux ce que le frère de M. de Morville avait pu vous écrire au sujet de mon aptitude au dessin.

— Un pareil talent, Mademoiselle, — dit madame de Morville, — dépasse, je vous l'avoue, toutes nos espérances.

L'on entendit alors dans la pièce voisine, cabinet d'étude de mademoiselle de Morville, un prélude sur le piano, puis un thème de Mozart, que la jeune fille commençait de jouer en attendant sa nouvelle institutrice.

— C'est sans doute mademoiselle de Morville? — demanda miss Mary à demi-voix en prêtant attentivement l'oreille.

— Oui, Mademoiselle, — répondit madame de Morville.

Mademoiselle Lawson écouta de nouveau, pendant assez longtemps, avec une satisfaction visible, marquant involontairement la mesure du bout de son joli pied, et disant à demi-voix :

— Bien... très bien... céci un peu trop vite seulement... Bien... à merveille! Oh! encore trop vite; les notes ne se détachent pas assez. Mais voilà qui est mieux, beaucoup mieux; bravo! ce passage est d'une exécution irréprochable.

— Ainsi, Mademoiselle, — dit madame de Morville, charmée de la sincère approbation de miss Mary, tandis qu'Alphonsine continuait de toucher du piano, — vous êtes satisfaite ?

— Très satisfaite, Madame. Il y a des phrases rendues à ravir et d'un excellent sentiment musical; d'autres plus difficiles manquent un peu d'étude et de clarté.

— Puis, se levant, miss Mary dit en souriant à madame de Morville, en lui montrant du regard la porte du cabinet d'étude :

— Permettez-vous, Madame, que je commence déjà mes fonctions ?

— Nous en serions enchantés, — reprit M. de Morville ; — nous craindrions seulement, Mademoiselle, d'abuser de votre obligeance. Vous avez peut-être besoin de prendre quelque repos ?

— Nullement, Monsieur. Je suis trop heureuse de trouver chez mademoiselle votre fille un talent si voisin de la perfection, pour ne pas désirer le lui dire le plus tôt possible.

Et M. et madame de Morville entrèrent avec miss Mary dans le cabinet d'étude ; Alphonsine, à la vue de mademoiselle Lawson, quitta le piano en rougissant.

— Je vous ai entendu exécuter ce morceau de Mozart, Mademoiselle, — dit miss Mary. — Je viens vous féliciter et aussi vous adresser quelques observations; vous voyez que j'ai hâte de me montrer sévère, ou plutôt, ce n'est pas moi, c'est vous.

même ; car la perfection d'un grand nombre de passages critique sévèrement ceux que vous n'avez pas assez soigneusement étudiés. Voulez-vous que nous recommencions ce morceau?

— Avec plaisir, Mademoiselle, — dit Alphonsine en se remettant au piano, charmée de la gracieuse bienveillance de miss Mary. Celle-ci fit à la jeune fille, à mesure qu'elle joua de nouveau le morceau, des observations pleines de justesse, de goût et de savoir, qui annonçaient des connaissances musicales approfondies; puis, pour joindre la pratique à la théorie, elle pria mademoiselle de Morville de lui céder un moment sa place, et exécuta le même morceau de la façon la plus remarquable, indiquant à mademoiselle de Morville les passages sur lesquels avaient porté ses critiques, lui faisant observer la différence qu'elle mettait dans l'exécution ; montrant enfin tant de talent, de modestie, de bonté, que M. et madame de Morville, complètement sous le charme de l'attrait et de l'admiration, échangeaient à chaque instant des regards émerveillés.

Un domestique, entrant dans le salon d'étude, dit à M. de Morville :

— M. de la Botardière prie monsieur

de vouloir bien passer dans son appartement.

A ce souvenir complètement oublié, M. de Morville jeta les yeux sur la pendule : elle marquait alors trois heures, et l'irascible vieillard avait donné à son neveu jusqu'à trois heures pour se décider ou non à chasser de sa maison Robert, le garde-chasse, et miss Mary, l'institutrice.

Au nom de la Botardière, mademoiselle Lawson dit en souriant à M. de Morville :

— De grâce, Monsieur, veuillez vous

rappeler mon désir et votre promesse au sujet de M. votre oncle.

— Oui, Mademoiselle, — reprit M. de Morville non sans un certain embarras. Et laissant sa femme et sa fille avec miss Mary, il se rendit auprès de son oncle.

M. de la Botardière se promenait dans sa chambre avec une agitation courroucée. A la vue de son neveu, il lui dit brusquement :

— Cette aventurière est-elle partie ?

— Mon oncle, permettez.

— Pas d'explication. Est-elle partie, oui ou non ?

— Mais, mon oncle, je...

— Encore une fois, l'avez-vous chassée, oui ou non ?

— Non, mon oncle, et je viens...

— Pas un mot de plus !

M. de la Botardière courut à la cheminée et tira violemment le cordon de la sonnette.

— Vous me permettrez, mon oncle, de vous faire observer que l'on écoute du moins les gens avant de prendre des résolutions extrêmes ; prêtez-moi quelques moments d'attention, et vous reconnaîtrez vous-même combien vos préventions contre miss Mary sont peu justifiées.

Un domestique s'étant rendu à l'appel de la sonnette, M. de la Botardière lui dit :

— Qu'on attèle *Roncevaux* sur-le-champ, et qu'on m'amène ma voiture devant le perron.

Le domestique sortit.

— Mon oncle, — dit M. de Morville d'un ton pénétré, — vous ne voudrez pas rompre à tout jamais avec nous, par cette seule raison que je me conduis en honnête homme.

— Le mot est charmant! Ah! vous appelez cela de l'honnêteté! M'exposer, lorsque je viens ici, à me trouver en face de cette effrontée, mon cauchemar, et qui fait passer son galant pour son frère!

— Mademoiselle Lawson nous a expliqué de la façon la plus naturelle pourquoi elle avait été obligée de prier M. de Favrolle de la protéger et de la traiter comme sa sœur pendant le voyage.

M. de la Botardière poussa un éclat de rire sardonique et s'écria :

— Pardieu, monsieur mon neveu, vous êtes un grand benêt ! A votre âge, vous donnez dans de pareilles contes !

— Mon oncle, je vous en conjure, accordez dix minutes d'entretien à miss Mary, et vous reconnaîtrez combien vous êtes dans l'erreur à son égard.

— Monsieur de Morville ! — s'écria le vieillard exaspéré, — cette proposition est d'une audace qui touche à l'insolence !

— Pardonnez-moi, Monsieur, — reprit

M. de Morville en se contenant à peine, — cette proposition est celle d'un homme qui ne peut ni ne veut se résigner à commettre une odieuse iniquité, quoiqu'il lui en coûte de s'exposer à perdre l'amitié du frère de sa mère.

— Allons donc, de l'amitié! on s'en moque bien de l'amitié du bonhomme la Botardière! — s'écria le vieillard redoublant d'ironie. — Ce que l'on craint de perdre, c'est l'héritage de l'oncle. Et pourtant il faut aujourd'hui y renoncer pour vous et pour vos enfants, à mon héritage. Entendez-vous, seigneur don Quichotte des aventurières?

A ces dures paroles, si blessantes pour sa juste fierté, M. de Morville resta un moment sous le coup d'une muette indignation.

Madame de Morville entra dans ce moment et dit à M. de la Botardière :

— Mon oncle, je viens de voir passer votre voiture attelée; il n'est pas possible que vous nous quittiez ainsi.

— Ah! ah! — reprit le vieillard en redoublant de sarcasme, voyez-vous comme l'on a peur qu'il s'échappe au grand trot de Roncevaux, ce coquin d'héritage! Dites donc, est-ce qu'Alphonsine ne va pas venir aussi se pendre à la basque de l'habit du cher oncle, pour le supplier de ne pas décamper, lui et l'héritage, l'un portant l'autre?

Madame de Morville, stupéfaite des paroles du vieillard, regarda son mari comme pour lui demander la cause d'un tel accueil. M. de Morville lui dit d'une voix ferme :

— Louise, au nom de ta dignité, au nom de la mienne, pas un mot! Ce serait maintenant une bassesse!

— Une bassesse! — reprit madame de

Morville de plus en plus surprise, — Que veux-tu dire, mon ami ?

— Je m'en vas, moi, vous expliquer la chose, — reprit M. de la Botardière. — Figurez-vous que votre mari est décidément un héros de désintéressement, ma chère ! Je vous en fais mon compliment... Je lui ai posé cette alternative : de choisir entre moi et cette aventurière, qui se moque de vous tous. C'était dire clairement : Choisissez entre elle ou soixante bonnes mille livres de rentes que vaut la terre de la Botardière, sans compter mes économies dont vous hériterez après moi.

— Ah ! Monsieur ! — s'écria madame de

Morville avec indignation ; puis s'adressant à son mari : — Tu avais raison, mon ami, un mot de plus serait une bassesse.

Le domestique ouvrit la porte et dit au vieillard :

La voiture de monsieur est avancée.

Puis il sortit.

M. de la Botardière prit son sac de nuit à la main, se dirigea vers la porte ; mais, avant d'en franchir le seuil, il dit à M. de Morville en se retirant :

— J'ai encore pitié de vous : je vous donne une dernière fois à choisir entre mon héritage et le renvoi d'une intrigante qui vous dupe et fera de votre fille une mauvaise créature.

— Vous m'excuserez, Monsieur, si je n'ai pas l'honneur de vous reconduire jusqu'au perron, — répondit madame de Morville au vieillard avec un accent de dignité parfaite ; et elle le salua pour prendre congé de lui.

— Bien ! — s'écria M. de Morville en serrant la main de sa femme ; — bien, Louise !

M. de la Botardière s'élança dehors, et ferma la porte derrière lui avec fureur. L'on entendit bientôt le bruit du char à bancs qui s'éloignait rapidement du château.

FIN DU PREMIER VOLUME.

Impr. de E. Dépée, à Sceaux.

www.ingramcontent.com/pod-product-compliance
Lightning Source LLC
Chambersburg PA
CBHW071525160426
43196CB00010B/1663